如何更好地教学

优秀教师一定要知道的事

HOW TO TEACH

[英] 菲尔·比德尔 Phil Beadle 著

中国青年出版社
CHINA YOUTH PRESS

图书在版编目（CIP）数据

如何更好地教学：优秀教师一定要知道的事 /
（英）比德尔著；刘白玉，扈珺，顿小慧译.
—北京：中国青年出版社，2014.7
书名原文：How to teach
ISBN 978-7-5153-2460-9
Ⅰ.①如… Ⅱ.①比… ②刘… ③扈… ④顿… Ⅲ.①中小学 – 教学法 Ⅳ.①G632.4
中国版本图书馆CIP数据核字（2014）第109258号

How to teach by Phil Beadle
Copyright © Phil Beadle 2010
Published by arrangement with Crown House Publishing Limited
Simplified Chinese translation copyright © 2014 by China Youth Press
All rights reserved

如何更好地教学：优秀教师一定要知道的事

作　　者：[英]菲尔·比德尔
译　　者：刘白玉　扈　珺　顿小慧
责任编辑：肖妩嫔
美术编辑：佟雪莹
出　　版：中国青年出版社
发　　行：北京中青文文化传媒有限公司
电　　话：010–65511272/65516873
公司网址：www.cyb.com.cn
购书网址：zqwts.tmall.com
印　　刷：大厂回族自治县益利印刷有限公司
版　　次：2014年7月第1版
印　　次：2023年1月第7次印刷
开　　本：787×1092　1/16
字　　数：210千字
印　　张：17.5
京权图字：01-2013-7293
书　　号：ISBN 978-7-5153-2460-9
定　　价：49.90元

赞　言

比德尔理所当然是一位难得的、非凡的教师，有些人甚至说，他是一位无法仿效的教师。他在此书中将自己丰富的个人见解运用到了教学的艺术当中，每个教师都能从书中学到一些东西，并应用到自己的教学实践中。因此，此书既是图书馆的必备书，也是所有新教师的必读书。

　　　　—— 蒂姆·布里格豪斯爵士，伦敦教育学院客座教授

教学这一种职业，在认知上需要高度感兴趣，在情感上需要全部投入，在体力上需要急剧消耗。事实上，教学是一项非常复杂的工作，常人耗其一生也难以掌握，但这也正显示出这类职业的非凡意义所在。难怪无论你是一位刚入行的新手，还是一位教了20年书的老手，你在教学中总会有新的收获，此书就是一本实践教师之旅的好书，里面有很多教学资源的启发。新教师能够找到很多有关教师这个职业的有用的建议，并将学到很多在课堂上如何成功的做法。即使是白发苍苍的老教师，也会在此书中有新的收获，或者至少是获得如何用新方法看待老事物的方法。此书充满乐趣：它会让你开怀大笑，甚至在公开场合尴尬地大笑。每位教师都应该读一读。

　　　　—— 狄伦·威廉教授，伦敦大学教育学院副院长

令人震惊的故事、丰富多彩的语言、开怀大笑的幽默。此书幽默风趣、信息量大、现实性强，有很多令人难忘、值得收藏、便于应用的忠告。

—— 迈克·贝克，BBC新闻网/英国卫报

这本书将教给你传统教师课堂上没有教给你的所有知识。菲尔·比德尔所用的语言非常诚实，非常直接，他摒弃了很多教师指导手册中的术语和心理呓语。他的书常常特别滑稽，令人陶醉。

—— 杰夫·巴顿，爱德华国王六世学校校长

读了菲尔·比德尔的这本"圣经"后，我才知道了教学的艺术。我会随身携带这本书，在书上添加注释，贴便利贴，画下划线，在关键内容上加星号。这本书一定会成为老师"最好的朋友"，在教师的教学生涯中，以及在教师发展和完善教学技能方面，提供支持，增添智慧。我多么希望我在上学时就能够在课堂上学到这些知识！

—— 罗莎琳德 H.V.威尔森，安德艾尔教育有限公司教育顾问

此书的作者是教育界的专家。此书内容新颖，观点鲜明，方法独特，幽默风趣，应用性极强，充满了耳目一新的教学法。你想成为一名"杰出"的教师，而不是"平凡"的教师吗？那么，这本书就的的确确是你的"圣经"。

—— 伊恩·惠瑟姆，英国《初中教育》专栏作家，记者，前任教师

《如何更好地教学》不仅仅是宝贵的实用指南，而且是教师寻求教与学真谛的经典来源。此书幽默中富有深意，实用中富有智慧，方法适用于任何想达到这个目的课堂教学。此书是教育的希望。

—— 帕特里克·艾因利，格林威治大学教育培训学院教授

菲尔·比德尔是一个传奇人物。他在英国电视台第四频道"超级教师"节目中的出现，成了这个电视节目的标志性时刻。他的这本新书发展了他在电视节目中所展示的观点和技巧。正如他所言，面对实实在在的学生和课堂，对于一线教师来讲，这本书不是生存指南，而是一位实践者得之不易的智慧结晶。

—— 弗朗西斯·吉尔伯特，
专著《教育制度：如何为你的孩子获得最好的公立教育》的作者

我强烈将此书推荐给每一位教育界的人士，不管他多么富有教学经验！这本书包含你所想知道的一切：当前的教学思考，行为管理，如何教育当今的学生，更重要的是，它给了你现实课堂的真实画面。这本书可读性极强，思想深刻，语言幽默风趣，关键是，对学生深表同情和理解，同时帮助学生实现了自己的梦想。

—— 玛吉·赛乌兰，肯特市高级教师

如果政府真的想提高教师的教学水平，那么，就给每位教师发一本《如何更好地教学》。

—— 马丁·斯派斯，时代教育杂志

我从书中学到了很多，并将书中的很多方法应用到教学实践中，非常有效。我想说：菲尔，这本书信息量大，鼓舞人心，写得好！

—— 鲍伯·布鲁斯，哲学博士，教师培训师

作者是一位非常有经验、非常鼓舞人的教学实践者，他成功地采用幽默的方式，通过个人技能和组织能力来激励教学，他的观点和忠告都非常有用。我愿意向所有想成为教师的人、已经是教师但愿意接受新观点的人及被问题弄得疲惫不堪的教师推荐这部书。买这本书，获得新的观点，获得自信心，真正享受教学。

—约翰·T.莫里斯，

文学学士、教育硕士、哲学硕士、ITM教育顾问

目 录
Contents

序
Foreword

　　这本书将带你进入一位教师的心灵深处。这位教师敢于打破所有的传统规则，同时又给后英国教育局时代的新教师及时提供了可行的教育方法。

　　在ITT学院或者英国教育部的课堂管理手册中，你找不到菲尔所倡导的学生要行为良好或教师要头脑清醒的内容。在读第一章时，我时常大笑，这是因为我愉悦地意识到，这位教师能真正懂得学生，喜欢学生，了解学生成长的痛苦，并能意识到一旦给学生机会，他们就想挑战权威和成年人，因为权威总是凌驾于他人之上，成年人总是一切由自己说了算。

　　尽管此书充满智慧、富有幽默，但的确是一本严肃的书，作者是一位与时俱进的一线教师，他没有去做学术、做公务员、做管理，而是一直在城市里教学生。书中没有技术术语，没有啰嗦的理论，只有常识和仁慈。任何新教师都会向你倾诉，不是学科知识或课程设计让你晚上睡不着觉，而是30个或者说几个让你焦头烂额的学生。

　　任何新教师如果学会了这些智慧都会教得很好，譬如，任何学生都有"特殊需求"，扣留坏学生毫无意义，以及如何做到既果断行事又不与学生产生矛盾。菲尔的一些忠告得到了人们的赞赏，譬如"不要太友好"，"要显得特别幸福"等，下面这个忠告也很受欢迎，即"我们面对的是愿意跟父母谈判并从中得到好处的年轻一代，但不要这么想"。人们常常对很难管的城里孩子有些恐惧，但如果你能站在孩子的视角，多去了解孩子，就会变得轻而易举。

菲尔的书为教师提供了一个实用的工具箱，明确了课程规划和差异化策略，举例说明了一系列有效的学生分组学习的技巧，从而帮助学生快乐地学习。菲尔对目前正统的教学方法进行了讽刺，而老教师和新教师的导师会对这种不敬的讽刺而自鸣得意地窃笑。目前正统的教学方法是一种差异化管理，它要求规范的条款、正规的评估、政治导向的正确，它强调教学是工艺，而不是艺术或科学，并且这种工艺可以通过学习获得，但必须投入时间和精力。菲尔重新将教学定位为行为艺术，而不是要求新教师在课堂上仅仅传授心理信息和行为信息，或者按照菲尔的话来说，教师不应仅仅是传递知识的代表。

此书的可读性、智慧以及幽默的风格，掩饰了其作为指南的严肃性，其实，这本书完全可以作为教师最好的指导书。此书有很多原创性的、非常实用的观点，尤其在教学方法及课堂组织、课程设计与评估、"第三方潜在目标"、哈里方法和足球类比等方面。

书中例子中所提到的学生，几乎和卡通片里的学生一样，但在幽默的背后，却有意义深远的现实：青少年容易受到伤害，他们害怕失去，需要有安全感，但这些在其他教师培训中却很少提到。从很多方面来看，这是一本较为传统的书，但从另一些方面，它又从多年来政府管理的文件和冗长的大学研究论文中解脱出来，具有了较为清新的改变。此书热情洋溢地用案例准确地描述了以下简单的事实：孩子们真正喜欢什么，真正需要什么，专职教师应当常和学生在一起，书要常常做记号，教学是伟大的，给学生打分要特别注意，经常展示孩子的作业，等等。同时，此书又强调了专业知识的重要性和快乐学习的方法。

—— 安德里亚·伯克利，教师发展中心主任

作为教师，你的第一年非常艰难。每一天，你都可能迷惑不解，精神崩溃，意志消沉，有时甚至害怕。但也有特别快乐的时候，那时，你就会发现为什么有人认为教师是世界上最好的职业，你也会感觉到你似乎找到了解决问题的答案。

在后面的200多页里，我将教你一些实用的解决办法，帮助你尽快成为一名最好的老师。这是一本做决策的指导书，而不是生存指导书。书中没有教你如何与难以相处的老板打交道，也没有教你如何让复印的那家伙尊重你。书中没有解决方案，也没有如何应对心理压力的窍门。写此书的假设是，作为具有一定智慧、大学毕业的专业人士，你可以自己解决大多数问题，也可以了解获得教师资格证的前提条件。

本书作为指导书，绝不仅仅是为了教师的生存。你不可能彻底改变你所教孩子的生活，也不可能为了推翻现有的教学制度而做出太大的贡献，哪怕仅仅是为了生存。本书的目的在于帮助你展翅飞翔，成为一名非凡的教师。不像很多教育专家已经转行，我仍然战斗在教学一线，在学生课堂领域被公认为是杰出的代表。因此，本书中的观点并不是已经过时的15年前的想法，相反，你可以在教学中充分运用书中提出的技巧。

第一章

学生难管，怎么办

Management of Students

轻松管理学生的六条规则

新任教师害怕难以控制班级，就像火鸡害怕圣诞节一样，不仅仅因为面对这事的必然性，更因为教师和火鸡对于必须面对的恐惧都还没有完全准备好。教育学研究生证书对于如何进行学生行为管理只不过要求上一天的培训课，而且大多数都只是静静地坐着，观看行为异常的天才比尔·罗杰斯的影片，影片里的教师毫不费力地管理一个小型班级，学生都是听话的澳大利亚人。培训班上都是成年人，所以有人会认为："教这种课是小菜一碟，对不对？比尔·罗杰斯影片里的孩子都来自中产阶级，都有良好的教养，很容易管理，但我将要教的班级可没有这么多有教养的学生。"

在我任教的第一年里，班级里真的没有那么多有教养的学生。我一开始认为，我教的学生一定会是像大人一样头发整齐，读书声音洪亮，行为彬彬有礼。

在我任教的第一年里，我被分到离英语教学部很远的教室上课，并要求独自处理好一切事情。

我的教育学研究生学历并没有让我学会如何处理学生罗德的害怕和哭泣，还有学生李威胁我，要向我扔椅子，学生8M断然拒绝我要他做的事情，即使请求也没用，学生米克推了我一把，学生8S习惯性地戏弄我，学生米克又推了我一把，在教育局的督导来听第一节课的五秒钟之内，学生杰克就打了学生库克的脸，学生塔米和她的伙伴给我写了一封可怕的情书。我想做一位好老师，但整个班级一团糟，他们颠覆了我的美好愿望。

如果我事先知道这些信息，哪怕用几分钟时间准备一下，我也不至于难以应对。事实上，假如你遵守几个规则，再加上在你上课的第一天没有遇到本区最难管的班级，学生行为管理就会相当容易。当然，你必须虔诚地遵守规则，如果没有遵守下列规则，那么你就会发现无法管理班级。你要明白，你是教师，这是你教的班级，这是关键。如果你管理不好班级，班级就会乱套，学生也什么都学不到，更重要的是，他们会感到不自在的学习环境，这会导致学习经历非常不愉快。

规则1　陪伴学生：最坚硬的坚果也会破壳

我任教第一年所教的班级，是我教过的最难教的班级之一：En10a2（英语十年级2班）。当你刚看到这个无关痛痒的字母和数字的排列时，你可能会认为，最多不过是大写字母有些奇怪。但在1997年，对我来讲，这个排列在大脑里稍一闪现就足以令我发抖，我在心底里默默地呼喊："求求你了，不要让我教这个班，这个班的学生都是野蛮人啊。"就是在这个英语十年级2班，米克，一个高高的十五岁男孩，在全体同学面前，使劲地推了我的胸。他后来被带到学校内部纪律室，暂时不准上课，而我继续教课，当时我的手直发抖，脸色苍白，一边故作镇定地拿着一张纸，一边用颤抖的声音朗读。就是在这个英语十年级2班。两周后，那个孩子又对我做了同样的事情。就是在这个英语十年级2班，塔米和她的伙伴给我写了一封情书，在教育局的督导来听课时杰克打了库克，克里斯泰勒当着一位高级领导的面说，她根本不在乎我的课，整个班级的学生在参加完葬礼后哭着来上课，没有一个人告诉我去参加葬礼，却指责我是麻木不仁的事后诸葛亮。就是在这个英语十年级2班，我成了库佩的老师，这个学生简直是上帝赠送给我的令人头疼的"礼物"。

在我任教的第一年，每次给英语十年级2班上课，我都表现为上课前焦躁不安，上课时情绪低落、压抑，上课后则感到像患了战斗疲劳症的战败者，恨不得用绳子和胶带封住自己的嘴巴，拼命抑制着眼泪千万别流出来，否则我就会成为办公室同事的笑柄。

在十年级结束时，十年级2班却成了我最喜欢的班级，我特别喜欢他们。他们也自豪地告诉我，他们也特别喜欢我。可以说，这是我一生中最难忘的时刻之一，这种师生之间相互喜欢的关系真是令人难忘。第二年，当教育局督导来听课时，十年级2班自己组织了讨论课，库佩带领他的小组做了精彩的展示。我的英语部主任旁听了督学和校长之间的对话，校长说，库佩曾经是学校里最难管的学生，而我却把他完全控制在手掌之中。十年级2班成了我被校方认可为好教师的第一步，而在我任教第一年督导听课时却仅仅得了个及格。

在学生上11年级时，我们谈起了以前的事，我们都对如何度过这艰辛的一年而大笑不止。他们都记得，在最初的几周他们是多么可怕。他们为此表示歉意，但是正如丹科斯所言，在那一年里，我是他们的第15任英语教师。从第一眼看见我，他们就非常喜欢我，但没有一位英语教师待的时间足够长到能够发现他们善良的一面，因此，他们也没有理由相信，我会是个例外。所以，对他们来讲，也没有理由去展示善良的一面，让自己闪闪发光。他们不想表现出喜欢我的一面，因为一旦我离开，他们就会更加失望。他们认为，我肯定会离开，尤其是当他们表现出对我的大不敬时。

令人悲哀的事实是，你会在职业生涯中教很多孩子，而他们经常遇到令人失望的大人，他们甚至都习惯了；更令人悲哀的是，很多最关心孩子成长的大人经常突然离开了他们，而且他们也习惯了。你认为对孩子来说，在这么早的年龄就经历这种损失是健康的吗？在最初的几周里，十年级2班的学生做出了骇人听闻的事，这样，老师就一定会放弃，他们也能获得主动权。他们想证明能够做到这一点，所以他们很坚持、很顽固、很苛刻，认为只要控制了老师，就能够让老师离开，他们是自己命运的主人。

你可能认为，站在这样的班级面前，你是一个一无是处的老师，做着一件毫无意义的工作。但是，如果你离开了这些学生，结果就会更糟糕。所以一定要和学生们在一起，接受学生的拳头，向学生微笑。六个月之后，你就能看到有些老师说的"保龄球效应"。你把球一个个地捡回来，然后你会发现，有几个孩子开始不那么抵触学习，然后又有几个孩子也跟了进来。过段时间，又有一些孩子也加入了学习的队伍。你从保龄球道像捡针一样将孩子们一个个捡起来，直到你有足够的学生都加入进来，并开始说你的好话。到最后，就连最坚硬的坚果也破壳了，到那时候，你便有了做教师的快乐：从最难管的班级，获得最好的经验，你会意识到，一起皆有可能。相信你也能做到！

　　之所以要讲行为管理，是因为孩子们喜欢老师用行动说话，喜欢天天跟他们在一起的教师。让我感到特别自豪的一刻是，在春季学期的中期，大块头艾萨克（一个淘气的英俊高个儿男孩，写作不太好，但却是一个极有潜力的拳击手）对我喊道："上帝呀！比德尔！"他有点声嘶力竭，"你就不能离开一会儿吗？我们何时才能喘息一会儿？"这个，我认为，是艾萨克的反话，他真正的意思是：他特别欣赏我能长时间地跟他们在一起，并打破了任何老师的纪录（从我的角度来说，我很感谢我们在一起的几年，他没有给我一拳）。如果你天天和学生们在一起，就会获得认可以及尊重。

规则2　协调座位：改变学生行为的有力武器

不会给学生安排座位的教师是不聪明的，这与你的个人魅力、能说会道及其他能力不同，给学生安排座位是教师工具箱里最重要的改变学生行为的有力武器。

对于学生座位表，不同的学校有不同的看法。我有特殊的方法，稍后再解释。但是首先，我要解释一下，为什么课堂组织是教师职业生涯中最重要的科学决策，为什么你应该面对光明而不是黑暗。

结论非常令人吃惊，在所有老师和学生当中，你可能不是最聪明的人，你甚至可能进不了前10名。的确，你是唯一拥有大学学历的人，你现在是大人物，但仅仅是现在。请面对现实，你不知道你面前的学生有一天会成为什么样的大人物，也许至少会成为一名微不足道的、穿着羊毛衫和普通皮鞋的中学教师吧？

对学生调研时，我问学生："如何才能学得更好？"回答最多的是，"分组学习"。其中一个学生激情洋溢地说："分组学习学得最好，但为什么没有人听听我们的声音？"确实，给学生安排座位是课堂管理的有效办法。这没有必要讨论，也没有必要争论。分组学习能让学生进行团队活动，包括说和听，也可以让学生相互学习，这样他们的学习效果更好。分组学习打破了"狄更斯式"的传统教学方式，即教师在讲台上侃侃而谈，而学生却感到乏味无趣。

在30个人的班级，把学生分成5组，每组6人，这是最佳的分组方式。这样你就可以同时安排所有学生进行小组活动，你可以让2个或3个小组一起活动，也可以让每个小组单独活动，并且不需要挪动桌子，这样，座位安排不仅方便，而且节省教室空间。值得注意的是，你要保证每组桌子尽量靠近教室的边缘，同时保证坐在边上的孩子不会因为靠墙边而感到压抑。你则站在教室中间，要么看孩子做各种有趣的活动，要么你用莎士比亚皇家剧院圆润的口气，朗读自己写的歪诗。

此外，分组学习也是一种非常有意义的教学方法。很多年前，我为当时的英国教育与技术部（现在为"英国儿童、学校与家庭部"）做一项男学生成绩调研，碰巧读到了英国教育局的一份非常精彩的报告，其中有一段关于学生座位排列的，非常有趣。英国教育局建议，在男女生混合的学校，让男学生取得好成绩的最好办法是，让他们坐在比他们学习差一些的女学生旁。因为如果坐在学习好的女生旁，他们就会感到学习无望，还会让女生帮他们做家庭作业，如果坐在跟他们学习成绩一样的女生旁，他们就只会相互竞争，学习毫无进展，但是如果坐在需要帮助并且他们也有能力帮助的那些女生旁，他们就会逐渐变得温顺，乐于助人，不仅关心自己的学业，也关心别人的学业。现在，我在每个班级都采用这个方法，而且效果比较好。

关于座位安排，出现了一些新的观点。刚才提到的方法也不是完美的，例如，它没有考虑学生之间的关系，也许你安排的学生彼此讨厌，或者更糟糕的是，他们是最好的朋友，但是稍微调整一下，这还是一个好方法。记住，最重要的是：男生和女生必须挨着坐，这也是防止英国教育局或者高级管理层调查男女歧视的一个防御性的方法。当然，这对女子学校或者男子学校用处不大，另外，即使在男女混合的学校，也取决于男女比例，但大多数情况下不会这样。同时，我也完全反对让最好的女生跟3个最差的男生坐在一起。当然，这样做也有优点，你在实施这个方法时，也许会发现。

但是，安排座位表是一项艰难的任务，你必须严格执行，因为孩子们会寻找种种借口。学生的任何请求必须坚决否定，"但是小姐，我不喜欢……"或者"如果……我们不会取得进展"，这些请求都被看作是无关的、无理的要求。你安排座位表，目的是让他们达到最好的学习效果，而不是让他们跟好朋友有机会闲聊。你会发现，上完一二节课之后，他们会试图坐在他们喜欢坐的位置，这时，你必须及时纠正他们。屈服于哪怕是一个小小的要求，也会导致课堂混乱，而课堂混乱当然不是我们所期望的。

规则3　最细小的地方也不能忽视

关于行为管理，有一些固定的暗示，这些暗示会快速给任何听课的人一个感觉，那就是：任课老师是否知道自己的学生在干什么。其中一个非常明显的暗示是，听课人进入教室时，如果发现学生的衣服外套和书包放在桌子上，那么就说明老师没有管理能力，课堂就会一团糟。

这个暗示背后的原因是：学生想违背一些规则，或者对规则提出异议，譬如将书包放在地板上、将衣服外套挂在椅子后背上等。记得很多年前，我站在教室的前面，反复地强调放书包的规则，有一个学生誓死保卫他将书包随意放在桌子上的权利。但我坚持，所有学生必须遵守这个规则。作为教师，不要因为害怕学生会不振作而不敢坚持规则。

孩子一进入教室，就坚持要求他们将书包放在地板上，将外套挂起来，或者按照顺序整齐地放在教室的某个地方。每次上课时都要学生不折不扣地遵守这个规则，这并不仅仅是培养学生将书包和衣服排列整齐的习惯，而是传递了一个信息，即这是教室，必须遵守规则。实际上，你的坚定信心就给你的课堂定了调，由于你是事先定了规矩，这就向学生表明，你是一个不喜欢破坏规矩的老师。一旦明确了这个规定，你就会发现，很少有学生违背这个规则。他们不想犯错，因为他们知道，一旦犯错，你会批评他们。

规则4 处理学生嚼口香糖和课堂上吃东西的诀窍

学生有一个特别令人讨厌的习惯：嚼口香糖。嚼口香糖对孩子一点好处都没有，只是让他们自我感觉是美国著名演员詹姆斯·迪恩的小小翻版而已，"只知道反叛，却不知道怎么划分一个从句"。教室里到处都是口香糖——地毯上，你穿着最好的裤子上，厄尔迈厄尼女孩的头发上。翻转任何一张学生用的桌子，你都会发现一排排嚼过的口香糖粘在上面，硬硬的，难看得令人恶心；这些口香糖却又像罪犯一样狠狠地瞪着你的无能，抱怨你无法停止让它们的"兄弟"在下节课加入到它们的行列。

有些学校在学生嚼口香糖方面麻烦更大。如果你在嚼口香糖很流行的学校任教，相信我，当你命令学生将口香糖吐到垃圾箱里时，你会从心里感到恶心。

对于口香糖，其规则和衣服外套及书包的规则一样。如果你允许一个学生上课嚼口香糖，那么你就给整个班级设了先例，发出的信号是，在我的班上，可以打破学校的规则。严格执行规则似乎对嚼口香糖的学生没有表现出宽容，但它发出了一个信号：小的犯规是不可容忍的，大的错误更不准出现。对学生小犯规的零容忍其实是为了避免学生犯大错误。

在处理学生嚼口香糖方面，应记住几个小的技巧。

1. 如果默罕默德不将口香糖吐到垃圾箱里，那就把垃圾箱给默罕默德。在所有事情上，都要睁大眼睛，千万不要羞辱学生，谁都不愿意在公开场合被羞辱。如果你不小心羞辱了一个学生，就要在以后的时间里为此付出双倍的代价。不错，他们嚼口香糖犯了规矩。不错，他们是犯错者。不错，你是规则的制定者。但是，如果你站在教室前面，严厉地说道："默罕默德！把口香糖放到垃圾箱里。马上！"那你就在强迫可怜的默罕默德在他的同伴面前大大地丢了面子。他可能会为此恨你，也可能在剩余的上课时间里制定一项报复措施。一旦他想报复你，那你就要提高警惕了。

正像查理·布可夫斯基所言："……小心普通男人，普通女人，小心他们的爱，他们的爱是普通的，他们的追求也是普通的，但他们的天赋在于他们的恨，他们恨的天赋足以杀死你……"

更好的做法是，注意到默罕默德在不紧不慢地嚼口香糖，等整个班级的学生都忙于做作业时，拿着废纸篓，悄悄地走到他跟前，轻轻地说："请把口香糖扔到废纸篓里。"（另一个非常有效的办法是，轻声哼一下，指指自己的嘴，然后再指指废纸篓。）一般来讲，因为你避免了公开指责，他一般会毫不反抗地遵守。但有时候他会跟你耍小聪明，那你就得使用第二个窍门了。

2."全部。"你会发现，老练的学生可能会使用粗鲁的、顽皮的手法来欺骗班级前面的这个"笨蛋"老师。其中一个手法，就是用手玩弄口香糖。你要求他们将口香糖扔掉，他们似乎也照着做了。对没有经过训练的眼睛来讲，他们的确是将口香糖扔到了垃圾箱里，任务完成了。但对有经验的专业教师来讲，这个学生是在用狡猾的手法来愚弄容易上当的老师，这个一眼就能看出来，凡是读过此书的老师也能识别出来。当老师让他们扔掉这块讨厌的口香糖时，很多积习难改的嚼口香糖的学生便把口香糖咬住，用手从嘴中拽出来，但只有约三分之一，然后像变戏法一般，把剩余的口香糖藏在嘴里，把拽出来的口香糖放在食指和拇指之间，然后手心向下，把手中的口香糖扔掉，似乎是把整块口香糖都扔了，而且整个动作在几秒钟内完成，伪装得非常好，但这只是对付没有经过培训的眼睛。

面对这种情况，有丰富经验的老师会立刻严肃地说出这个短语："全部"。请注意，有经验的教师根本没有必要让学生张开嘴，看看里面是否有口香糖再说这句话。直接下命令，学生就会意识到，你根本不是他们认为的那种傻瓜老师，他们就会乖乖地服从你的指令。

3. 相信你自己。你确实看到他们在嚼口香糖。学生会发誓说，他们根本就没有嚼口香糖，因为他们一闻到口香糖就过敏，但这是个谎言。相信你自己。你也许是对嚼口香糖这事过分敏感，但你并没有产生错觉，尤其是在工作日的大白天。相信你自己，你既不是傻瓜，也不是瞎子（工作日，大白天）。孩子在撒谎，他们就是在嚼口香糖。如果他们坚持说你是白痴，那他们就只好到教室外面去待一会儿，好好反思一下自己的行为，老师不喜欢一个孩子耍小聪明而欺骗老师。

4. 保持警惕。你会赢得口香糖这场战争，但这是一场持久战，战士会利用口香糖做炮弹。你可能是学校里最擅长闻口香糖的人——鼻子特别敏感；耳朵特别机灵；时刻准备着对付撕碎口香糖纸的沙沙声，嚼口香糖时唾液发出的丝丝声，牙齿和舌头碰撞发出的吱吱声，但是你没有时间庆祝你暂时取得的胜利，因为第二天，这个孩子还会把口香糖扔到嘴里，尽管今天你把他逮着了，尽管昨天你就警告他了。他永远不会被打败。事实上，这是一场消耗战，好像是你对着墙一边抽泣，一边不解地说："为什么？"整个班级似乎是一个网，一个小小的蜘蛛网，蜘蛛吐出的唾液粘住了你的下嘴唇。

你会厌倦不停地要求孩子将口香糖扔到垃圾箱里，因为你无法忍受一遍又一遍地重复同样的话，有时候一遍也不想说了，这时，学生反而到高兴于你不再管他们了。但是，正如其他规则一样，非常重要的是，你不能置之不理，因为你对学生嚼口香糖的态度暗示了你对其他事情的态度。如果你对学生在课上嚼口香糖置之不理，那么这些思想还不成熟的学生就会问："对其他的规则，老师是不是也不管了？"在小事情上让步，大事情上你就有麻烦了，正所谓"失之毫厘，谬以千里"。

另外，大多数学校有"不允许在课堂上吃东西"的规则。我不知道该如何评价这个规则，从个人角度，我不反对孩子在课上吃东西，不反对孩子那双贪吃的手伸进袋子里掏薯片吃，但这手本来是该写字的呀。的确，教学法专家还会告诉你，孩子们有内在的欲望，如果允许他们一边大嚼一边数数，将有助于他们的学习。这时，你就非常矛盾，不知道该怎么办了。

不管真相怎样，吃薯片肯定会让口语课和听力课一团糟。如果有外校的督导来听课并对学生进行评估，很可能是，学生得分都不会超过A。督导无法容忍教室里到处都是薯片渣子，还有学生吃薯片时的喘息声及唾液声。也许就是这个原因，才禁止在课上吃薯片的。

假如你的学校不允许学生上课吃薯片，那么你就不允许吃，并防止孩子的下列欺骗技巧：把薯片藏在衣服口袋里，假装什么都没有，把手伸出给你看，手里什么也都没有，然后趁你不注意，快速抓一块薯片塞到嘴里。为防止被欺骗，你一定要警觉。如果你听到有学生摸口袋的沙沙声，过去问他们要薯片，他们常常会很放松，认为你也跟他们一样，不过是拿一片吃，然后你把剩余的薯片还给他们，这样他们就会在剩下的一堂课里吃个不停，因为你跟他们是同犯了。正确的做法是，在他们拿出薯片包时，以最快的速度一把夺过来，然后采用下列方法之一：

1. 在这个学生面前，把整包薯片都吃掉，然后说："谢谢你。"有时候，也许在吃完后还大声打个嗝，以表示你很满意你取得的胜利。

2. 把整包薯片扔到垃圾箱（假如这种"可怕"的技巧能够吓退惯犯）。

3. 把整包薯片放到你的桌子，说："下课后过来拿。"

采用哪种方法完全取决于你的职业判断，但是，一定要特别注意，对那些瘦骨如柴、表情困惑、腿上是泥灰的孩子，他们根本不喜欢学校的食堂，整天就只靠吃薯片充饥，这时，最讲道德的办法就是第三种。

对此，在食堂里跟学生共进午餐就显得很有价值。第一，跟孩子们一起吃饭比跟同事在一起吃饭舒服；第二，知道多少孩子喜欢吃学校食堂。考虑到在食堂做饭的师傅都喜欢抽烟，而且不喜欢把做好的饭盖好，因此烟灰常常掉在饭菜上。但看到有的学生仍然狼吞虎咽地吃这些东西，你就意识到，你应当好好地照顾这些孩子，因为他们没有得到足够的关爱，你必须在课堂上加倍关照他们、表扬他们，在特殊情形下允许他们对你做点出格的小事，而老师却不能采取任何报复行为，因为，对没有得到足够爱的学生付出远距离的爱，就是老师的职责，对吧？

规则5　绝对不要相信孩子的借口

孩子们会不惜花费时间来捍卫自己的谎言。无论这些捍卫多么无意义，无论他们能从这些谎言中得到多少东西，他们一定会顽强地捍卫自己，说自己是无辜的。当你这位卑贱的老师指出他们撒谎时，他们会强烈捍卫自己不可侵犯的诚实，首先是不停地瞪眼，不停地耸肩，然后显示出恼怒和愤慨。

当你最后了解了事实真相后，你会非常失望。请相信我，我这么说心里也很悲伤，但这是事实，就像每一片油炸马铃薯片含有0.015%的土豆和一桶油一样真实。所有的孩子天生就会撒谎，而且是彻头彻尾的撒谎天才，这是神灵们给每个孩子平等的天赋。

我在自己的孩子身上也见证了这份天生的癖好。巴兹，我的年仅11岁的孩子，在所有的才能中，有一份可怕的才能。他会以他爸爸（他奶奶或者他的宠物小狗）的生命发誓，他没有做这件事，他会誓死保护他的谎言。他看起来貌似合理，当讲到他做这件事对他来说一点意义都没有时，他语气沉稳，话语非常有分寸，他会充满激情地表达他的愤慨："你是说如果我承认撒谎，我就不必早上床睡觉。但是，我没有撒谎，你却让我躺在床上不准睡觉。

你是一个不公平的人。等你老了，我不养你。"然后他大喊大叫，泪水从他那可怜的、温柔的、无辜的、似乎受到非常不公正待遇的、受到伤害的眼睛里哗哗地流了下来。

当然，我不相信他的原因是，我亲眼看见他做了这件事。

教学也是一样。当你站在教室前面，你看到他们把一支铅笔放到受害者霍华德的耳朵里，很使劲地推了一下，孩子们似乎认为这无关紧要，因为班上没有法庭证明他们有罪。你把这种你亲自目睹的行为称为侵犯人权，但学生仍然会竭尽全力地保护自己的做法，直至你竟然怀疑自己是否看走了眼。停！这是疯狂的谎言，相信你自己。你看见了，你不是白痴，那就采取强硬措施，迅速处理，摆出不屑一顾的姿势，拒绝跟他们对话，强调纪律不可侵犯，处理完后，快速地转向学习。

崇拜神经语言学的先生和女士们对于撒谎的孩子有着自己独到的见解，尽管我认为这不是科学，但他们说得也有些道理。神经语言学者声称，如果一个撒谎的孩子用右手写字，撒谎时他们会先向上看，然后再向左看（反过来讲，如果孩子是左撇子，撒谎时他们的眼睛会先向上看，然后向右看）。如果你怀疑一个孩子向你撒了谎，你就问他是用右手写字还是左手写字（最好给他们一支笔，看看他们用哪只手写字，因为他们在这个问题上也可能撒谎），直接看着他们的眼睛，问他们是否做了这件事。如果他们的眼睛先向上看，然后根据他们的大脑机制向左或右看，那就肯定他们在撒谎。如果他们直直地盯着你的眼睛看，也肯定他们在撒谎（这是他们在撒谎的证据）。

也许这完全是不切实际的说法。但是，不管是否真实，直接看着孩子的眼睛，就会给他们一种你有识别谎言的方法的感觉，这就足以吓坏这些不走正道的小撒谎者，从而让他们坦白。无论如何，你都要让他们明白，你不好蒙混过关，你对待撒谎是非常严肃的。

所有的孩子都撒谎，但是，家长却很难明白这个简单的道理。我记不清有多少次了，我听到妈妈或者爸爸激动地辩解道，他们的孩子没有撒谎。"我的比利没有撒谎，他还没有学会撒谎。"但旁边的老师却不屑地轻轻咳嗽了一声，接着说："哦，我认为他撒谎了。"或者说："我们都年轻过，对不对？"坚持你的观点，不要轻易向生气的父母屈服。我认为，父母更喜欢吓唬教师，尤其是当他们自己不喜欢上学时，或者当他们是某金融机构的中层经理时，他们会认为，使用各式样的教学方法教孩子如何做人不如教如何挣钱，每天穿着普通西装上班的，即使是诚实的人，也不过是普通人。如果你屈服于他们的父母，不仅是对孩子不负责任，而且第二天下课休息时，大家都会相互问你："先生，你是不是被比利的父亲彻底打扁了？"

那么，在第一个学期，在最有可能面对咄咄逼人的问题"你是说我的儿子是个撒谎的人"时，正确的答案是什么呢？正确的答案是："是的。抱歉，我要批改作业了。"

规则6　在老师讲话时，不要允许学生说小话

这个规则一定是对的，新教师可能对此很难应付。教师给学生的知识输入必须是彻底的，无干扰的，其间必须有一系列严格的规则，并且必须认真遵守，这样才能产生较好的效果。

如果在你讲话时，允许哪怕是一个孩子同时讲话，那你就不是一个好老师。很抱歉我这么强调此事，我讲话时学生也讲话，我的确会感到不舒服，但在这件事上，你应该相信老师。

让我们进入令人讨厌的角色扮演教学方法中。角色扮演是英国电信公司员工在短期客户培训期间必须体验的方法，尽管令人厌烦到掉眼泪。在我们的角色扮演中，你是教师。

设想一下，你站在一个陌生的班级面前，介绍某个充满智慧的知识。首先，你跟大家分享本课的学习目的。"在本课结束时，"你开始说，并准备传授学习的快乐，"你们将……"在你说出"能够"之前，坐在后排的一个男孩转头面向他的同伴，轻轻地说了一个短语："你的妈妈。"他的同伴没有做任何反应，你完全可以继续讲，完成整个教学目标，不会再有任何的干扰，而且那个孩子说这句话时，声音也不大。

那么你该怎么办？

第一，继续讲下去。

第二，停止。

答案已经在本部分的第一段暗示了。如果继续讲，你就是在

告诉整个班级，你不是真正地想让学生学习。你给学生设定了一个期望，在你讲话时，学生也可以讲话。这时的大坝在小范围地渗水，不可避免地是，大坝在四个礼拜之后，将面临不可控的班级"海啸"，到时一定会大面积地漏水，所以你必须批评这个学生。对你来说，这似乎是小题大做，也可能显得特别挑剔。但是，你必须让学生明白，你很认真，你想为了学生做一位好教师（记住，就是因为为了学生，你才想成为好教师的）。停下来，用教师特有的吃惊的眼神向那个学生的方向看去（在很短的时间内，你就会成为皱眉头进行探询的专家），停顿一下，然后平静地说："好吧，咱们从头开始。"然后，从头讲起。

这个技巧需要钢铁般的胆量，需要巴西人踢足球的勇气。因为，很有可能某个头脑灵活、但愿意捣蛋的学生发现了这个秘密，会利用这个机会，故意咳嗽一声，或者转向他的同伴，发出某种说话的声音，以便让你从头讲起。不要为此害怕，有一个简单的解决方法，他们想看你被推出多远才砰地一声倒下。正像洛杉矶的黑社会，教室是一个谁准备充分谁就会赢的地方。就是那些时刻准备证据并起诉竞争对手的毒品交易商，才最终赢得了控制全城的胜利；同样地，能够掌握学生违规证据的教师才会赢得最后胜利。所以，保持冷静，超乎寻常的冷静。犯规的学生希望你生气。你偏不给他机会，每次你被打断，你就警告这个学生，然后回到开头，平静地从头开始讲起。准备好，这首荒唐的乐曲需要反复弹奏四五次，学生才得到正确的信息。也有极特殊的情况，如果你给士气特别旺盛的班级上课，就可能需要牺牲整整一节课的时间，才能让学生明白一个道理：这位先生或者女士在上课时是不允许被学生打断的，而这个道理会让所有的学生整年受益。但要继续讲课，并保证课最终是会讲的。

然而，这不是一节课的技巧，这是终生的职业挑战。有一个关于法国没落贵族的故事，由于他厌倦每天早上都必须穿衣服，最后自杀了。在教学方面，作为教师，有时候你会同情这位法国贵族。正像不停地告诉孩子不要在课上嚼口香糖一样，你也特别厌烦需要不停地告诉学生不要在你讲课时说话，但是，你必须这么做。

当然，熟练使用这个技巧的最重要环节就是在新学期开始时，其次是在课堂活动需要转换时。

快速平稳地转换课堂活动是每位教师必须掌握的最重要的管理能力之一。课堂转换时间是指一个课堂活动结束与另一个课堂活动开始之前的时间，要做到无缝隙转换，比你想象的要难，但一旦掌握了技巧，却比开始时的感觉要简单。

有效的转换管理取决于下面四个技巧：

1. 知道什么时候停止活动。

2. 坚持要求学生放下手中的笔。

3. 坚持学生看着你。

4. 讲话之前，先停顿一下。

停止课堂活动的时间必须恰到好处

这个问题就像用杯子喝汤那么简单，停止正在进行的课堂活动的最佳时期，是第一个学生完成任务后的两秒钟之内。

许多老师在这个问题上犯了非常严重的错误。他们非常理性但不够合理，他们认为，老师应该给孩子们机会，让他们参与到任务中去，或者为了任务能够继续开展下去，应当让班级一半的学生完成任务后，再停止此项活动。这个想法看起来似乎是理性的，但事后检查时却发现，这是个非常愚蠢的做法。从理论上来讲，你在等一半的学生完成此项活动，那就意味着另一半的学生在等着，无所事事，尽管这段时间可能很短。这样，新老师其实是搬起石头砸自己的脚，无论是聪明的成绩突出的学生，还是捣蛋的学生，都会认为，老师给的作业就像在纸上擤鼻涕一样简单。凡是先完成作业的学生，无论是好学生还是捣蛋鬼，都无所事事。而他们那些充满创造力的脑子一定要找点事做，这些事可能与课堂要求无关。

换个角度想一想。让学生在课上无所事事，作为老师，你就是在犯罪。你让一个活跃的富有生命力的年轻大脑处于休眠状态，没有得到充分利用。学校和课堂的职责就是鼓舞、激励并激发学生的激情和兴趣，使他们富有生命活力，而不是让他们无趣地坐在教室里无所事事地等着，等着接近一半的学生追上来。

如果坚持这么做，你就是在玩最垫底的分母游戏。在教育系统，你就是在犯十恶不赦的罪。正像美国政治家所说：你是一个教育目标很低的顽固的"软蛋"。所以，无论任务是什么，都从黑板上抄下学习目标，或者学学爱恩斯坦的相对论，要不就事先给先完成任务的学生布置额外的作业，要不就在第一个学生完成任务后马上停下。

两种方法都有吸引力。然而，由于此书是教你如何成为一名杰出的教师，同时又不破坏你的日常生活，所以我建议你采用第二种方法。这个方法还有另外的好处，即它设定了一个期望：所有的任务都要尽快完成；我们生活在一个快节奏的时代，学生必须跟上这个时代的步伐。

讲话之前，坚持要求学生放下手中的笔

在我任教的第一年，学校采取了一个特殊措施，新来的教师必须接受当地教育部门的顾问听课，而且是听一系列的课。一般来讲，很多地方教育部门的顾问只不过是"浪费纳税人钱"的代名词，但是，听我的课的顾问，头发花白，从头到脚穿戴整齐，与众不同。在听了我一节课后（这节课并没有教给学生什么知识），神秘地探过身来，在我耳边提了个建议。他说，这个建议是很多年前别人给他的一个教学建议。他故作神秘地告诉了我这个比喻，似乎在邀请我加入那个神秘的晦涩难懂的"魔圈"教师小组。很多年以后，我把这个建议摆到你面前，用同样神秘落后的方法，来激发具有潜力的天才教师打开通向教师的天堂之门。如果你没

有遵守这个建议，你注定要失败，所以，你必须认真对待。这个建议是：敲起鼓，让学生放下笔。

当你在进行课堂活动转换时，或者当你在讲课时，坚持每位学生都必须放下手中的笔。

鼓掌！叫好！庆祝！"是的，"读者都欢呼，"这个建议效果明显。多好的主意呀，打开教师天堂之门的钥匙就是这个方法。"

当然，我知道，费了这么大劲才提出这么个建议似乎令人失望。但是，这个建议真的非常管用！

这似乎有点违背常理，学生拿着笔做笔记不是挺好的吗，怎么要让他们放下笔？但是，如果一个小孩子手中拿着笔，他就不会听老师讲课。"这怎么会呢？"亲爱的读者内心会问，"手和耳朵并没有相连，这完全是胡说八道。"但即使是睿智的尤达大师也点头赞成："不要质疑事实，这就是事实，你无法改变事实。"

"让学生放下笔学习效果才好"的另一个理由是，学生拿着笔会分散注意力。如果有一个特别讨厌的人向你走来，你手里拿着一支笔，你肯定会，也许是无意识地做点什么。在课堂上也一样，如果你手里拿着笔，你会拍打它，把它放在嘴里，用它记录学习目标，乱写乱画点什么，写下你读的书的封面女孩或者男孩的名字，因为私下里你根本就不喜欢她/他；也许你会把笔放到耳朵里，然后再放到嘴里，尝尝是什么味道；也许你会用大拇指甲击打笔帽的卡子，看看到什么程度笔卡子才会折断；也许你会把小指头放在笔帽里转动，让它发出悦耳的声音；也许你会把手指放进笔帽里，吹一吹，看看是不是能当笛子用；也许你会对着笔沉思，用它写字就失去了它的真正功能，还不如把嚼过的碎纸片用笔筒吹到霍华德的后脖子上。你会用笔做一切事情，任何事情，但就是不听老师讲课。

从神经系统科学的角度，也说明我们手中有笔时不能专心听课。我从教以来得到的最好的忠告之一就是：在讲课前，让所有的孩子放下手中的笔。你应当认真对待此事，当转换课堂活动时，或者开始讲新课时，一定要坚持，所有的孩子都必须放下手中的笔，并一直坚持这个规则。孩子们不会挑战这个规则，因为轻声说一句"请同学们暂时放下手中的笔"，并不是一个不合理或者容易引起矛盾的要求。但是，你绝对不能在有的学生还没有放下手中的笔前就开始讲课，而要确保所有的学生都放下了手中的笔。这就给学生设定了一个期望，所有的课都必须这样：当老师讲课时，学生必须放下手中的笔。

你会发现，有些孩子，尤其是男孩，在你第一次揭出这个要求时，他根本就不理你。那你就对整个班级再重复一下，然后一一地纠正他们，"本，请放下手中的笔。詹姆斯，请放下你的笔。欧路，能否放下手中的笔，我们马上就讲课了。"这是最好的劝说方式。孩子第一次不听话并不代表他反叛，你不应为此生气。有时候，学生可能就想记下点东西，在这种情况下，可以明确地解释："很高兴你这么专心地学习，但是我们要讲课了，请放下手中的笔。"在这种温和的坚持下，你肯定能进入下一个课堂管理舞台，那就是……

讲话之前，坚持要求学生看着你

这个规则必须和放下手中的笔的规则同时使用。在老师讲话时，老师不想面对学生低着的头，而是充满求知欲的脸和眼睛。

这个规则的做法很简单。当每个学生都放下手中的笔后，要求学生直接看着你。过程同前面讲的一样：你先向整个班级提出要求，然后再温柔地将不听话的"掉队者"一一归队。这时，你可以借助手势，也可以采用教学录像片《比尔·罗杰斯》中的"多花点时间"技巧。当某个学生的头转向其他方向时，你就点他的名，等着，直到他转过头来，再等两秒钟，才跟他进行眼神接触，并说"转过来"。同时，你的手要伸开举起来，向整个班级做出一个姿势，一个命令的姿势。这个姿势不要在其他地方用，否则会被误认为傻瓜。

一旦你让全班的学生放下手中的笔，人人都看着你，那么，你就可以进入下一个课堂管理舞台，那就是……

讲话之前，先停顿一下

教学像现实生活，如果掌握好了节奏，你就省了很多麻烦。事实上，教学节奏的效果被严重低估了，也很少有人提及，但是它的确存在。专家型的教师对他们最佳状态的表现几乎都有天生的直觉，他们有意识地使用停顿和标点符号，以便使学生进入某种他们所期望的状态。在课堂活动转换时，一般都使用"停顿"这种方法。

这种方法很简单：一旦全班的学生都放下手中的笔，一个个地在看着你，就等一下。等一会儿，再等一会儿……停顿一下……再等一会儿……然后……多等一会儿……开始讲话。这么做，你就能保证，整个班级的焦点和学生的注意力都集中在你身上，他们不会像往常一样分散注意力，你同时也设定了课堂教学节奏。如果没有停顿，而是用特快的速度讲课，你其实就在传递紧张或者烦乱，那么学生就会产生相应的紧张和烦乱。相反，如果你在讲课或者布置作业前，放慢节奏，然后很轻松、很简洁、很诙谐地导入要讲的课堂内容，那么你也会得到学生同样的反应。

如果遵守了以上规则仍然出现差错，该怎么办

尽管你完全按照本章要求的规则做了，尽管你不折不扣地严格要求学生，尽管你把课程计划得非常周到，每节课都做了适当的差异化设计，但我敢保证，有些事肯定还会出错，而且，每天都会出错。

学校是汇聚的中心。不同的学生在校外有不同的生活，这可能会影响他们在学校环境中的表现。我现在白天上课，晚上写这本书。我的班级里有一个16岁的可爱女孩，但她怀孕了，形渐消蚀的样子让我很担忧；有个小伙子的妈妈病入膏肓；还有个姑娘，妈妈刚撒手人寰，爸爸精神崩溃；同样，无数孩子对电玩游戏上瘾，

在游戏厅通宵达旦，他们放弃了应有的睡眠时间，毁掉了生命中的大好年华。（干得好，索尼公司，又一个生命被你们就这样轻易地摧毁了，你们的股票分红又能上涨一个百分点了吧！）然后他们来上学，我们却只让他们好好学习，他们做不到时我们又发火。我们教的孩子是人啊，要知道他们是脆弱的。

世事难料，并不是所有读这本书的已婚人士在五年之后依然能维持他们的婚姻。请想象一下：你用中世纪那种悲天悯人的情怀，在当今时代能有什么用呢？亲人的离散怎么办？居无定所怎么办？未成年怀孕怎么办？被父母经常虐待怎么办？6岁目睹父母在安哥拉被谋杀又该怎样？被家庭成员性侵又该怎样？还有父母双亡，一个人在无人相识、完全陌生的乡下独自生活……面对这些，我们束手无策。

在我刚任教师的那几年，曾有人问我一个棘手的问题，这问题让我哑口无言，僵了好几分钟才找到答案。问题是：在英国的学校里，有多少孩子有特殊需求？

答案：全部！

记住！如果你能够做到，就放他们一马吧！每个学生都面临不同的压力，你需要寻找他们行为背后的原因：那个以前带给你欣慰笑容的、你钟爱的学生，是不是现在遇到了什么困难？去跟他们交流。任何不良行为都是有原因的，找到这些原因比直接惩罚他们更有效。

除了态度，还有一些技巧你可以学习。

所有学校纪律都是以某种行为后果的性质循序渐进而制定的。如果犯个小错，你会先被警告；第二次，起立；第三次，你就会被罚站墙根了；第四次还犯，对不起，请到教室外面"凉快"几分钟吧。如果是伤害到别人，你会被隔离，并送到费尔特姆（费尔特姆：如果你在伦敦工作，你就知道人们对它噤若寒蝉，那相当于木偶奇遇记里面男学生们的欢乐岛。虽叫欢乐岛却毫无欢乐而言，没有娱乐，只有严厉的惩罚）。

用肢体语言警告

如果你在讲课时，学生在底下讲话，或者你在布置任务时，学生开小差，那么这个时候你就该振作一下，运用责备技巧了。

事实上，责备是一种远比你想得更微妙、更丰富的技巧。声嘶力竭大吼一声"马库斯，你个淘气包，别说话啦"，显然是不起作用的。首先，大声喊叫不但增加了教室的噪音，而且显示出你的失态，这可不是解决问题的好兆头。第二，以这样公开谴责的方式羞辱马库斯也不好。第三，用暗语其实就足够了。

在此建议的方法是：运用不同的微手势和动作，让马库斯知道他错了，这样你还不会被他私下里埋怨。

1. 单眉上挑。用你与生俱来的、爱尔兰式的突兀前额一起抬高两道眉毛，挤出前额那高山地势图上等压线一样的皱纹，一定能达到好的效果。配合这种引人发笑的表情，再微微向这个"坏家伙"点点头。即刻，那孩子会重新回到学习中去，一辈子记住你带给他的这种"学习"的乐趣。

2. 眯缝眼睛。土耳其人有句俗语"注意了"就是这个意思。如果一个土耳其绅士在街上遇到你，他会冲你说出这个词，你会马上按照这个指示去做（不管你是不是懂这个意思）。这种方法适用于更隐秘、连续的"作案者"和正在淘气的小滑头们，你直接凝视这些淘气包的眼睛，让他们知道你发现了所发生的一切，也许你并不知道确切是什么事，但是你窥视的眼神就可以刺疼他。事实是，你根本不知道什么能阻止这些淘气的孩子做他们自以为是的事情。

3. 接近。学术圈称这个为"站得再近一点儿"。当一对淘气包应该讨论《查理和巧克力工厂》电影场景里某个事物象征什么的时候，却在那里大聊足球，你就应该走过去紧靠他们站着，他们会立刻明白真实意图。这样太棒了，尤其是在整个过程中完全没有对抗。只要你站到他们身边，即使最难对付的家伙也会举手投降。我强烈推荐此方法！

如果你对付的开小差的学生又倔又犟，那么老师就可以拉条椅子坐在犯错者身边。整个过程看上去都要随意而愉快，完全放松且漫不经心。在与班级建立关系的初期，最适合用这种"坐得更近一点儿"的方法！这种方法释放出一些信息，即你不仅仅是严肃、有经验的老师，而且也不是那么好对付的。孩子们深谙这个事实，那就是只有对行为管理能成熟掌控的老师才会使用"坐得更近一点儿"方法。运用这种方法能够向他们暗示，你在处理"开小差"事件中是明智的，而且也没那么容易被他们蒙骗。这里有一点很重要，那就是不要用任何直接的方式跟学生交流，同时要流露出微笑。笑容能让他们很快知道谁才是权威的人，同时也让他们知道，你经验丰富，你认为这点小事根本不需要把自己陷入与学生的对抗中，并且你从容不迫地去处理这些事。

在运用这种方法的时候，你必须坚持比你感觉更长的时间。记住全程微笑！如果要想被称为最棒的教师，你可不要吝啬使用这种方法哦！

4. 给他们指明努力的方向。这个方法确实很简单，并且非常有效和合理。告诉他们怎么做，再配合"单挑眉毛"的小动作，效果非常好。如果和"站得再近一点儿"方法一起用，效果加倍哦！不要总想着他们会犯错，给他们指明努力的方向。当孩子们知道他们该怎么做时，就会更易于接受你的指导。如果你只纠结于他们的坏行为，让那些无聊的事激起怒火，你会很容易变成爆发的火山。

用稍严重的责备

这个最好在教室外面进行，因为在孩子的同伴面前很严厉地训斥，会让孩子觉得很没面子。同学很有可能会异口同声地嘲弄他，比如会奚落他："你挨训啦！"这对任何孩子来说都是不愿经历的。你要尽量避免任何让孩子感到羞辱的境地，把孩子带出教室，然后正常地与他交谈，这样做会好得多。直视他们的眼睛，语气平静而坚定，指出他们错在哪里。注意先表扬："上周你完成的作业可真不错，但是这次课你不那么用心了，我特别想让我喜欢的孩子在这节课上当小老师，行不行啊？或者你需要在教室外面想想你该怎么做？"稍作停顿，再简要说明："我们可是说好了哈，你再回到教室就得赶紧（停顿）好好（停顿）学习（再停顿）!好了!"

这样做孩子不会生气，因为他没有丢脸，而是被老师当做一个值得尊重的人去对待的，通常他们回到教室就开始好好学习了。

然而，这种方法仅适用于懂事的孩子。你已经做得很完美了，也给了学生改错的机会，并让他们回去好好学习。如果他们还不听话，你就别无选择，只有再进一步。专职教师的经典方法，那就是……

"要么……要么"准则

"要么把你的手从他耳朵上拿开，要么我就掰断你的手指!"这招屡试不爽。

事实上，这么做并不难。

如果你已经在教室外面跟他谈了话，并给足了他面子，而他回去马上食言，又调皮捣蛋，那么，你必须让这个小坏蛋做出选择。例如，"要么你停止这种持续、故意扰乱别人学习的行为，你这样会影响别人的学业，否则我就要用硬铁尺敲断你的手指!"这么说准奏效。不给他们点颜色看看，他们是不会停止的。不过一般话说至此，你就会发现他们不敢怎么再调皮了。

这么做并不是要你真的将自己置身于不义（真这么做，你就会被叫到校长室了），但一定确保孩子的决定是他们自己做出的选择。相信没有老师想让孩子讨厌，幸好，真的喜欢用惩罚性纪律的老师还是相对少见。所以给他们机会吧，让他们摆脱困境才是正确的，动手这老一套还是永远别用了。一般来说，给他们机会马上停止捣蛋被认为是更专业的做法，否则，你也可以强迫他们换座位。

换座位

如果一切进行顺利的话，你就不会用这个所有教室管理中最残忍的方法了。如果你已经进行了肢体语言的责备，也在教室外面谈过话了，也给他最后警告让他自己选择了，这孩子还是选择不听话，那么，你只需要告诉他把椅子搬走，他会乖乖照做的。事实上，有的时候是这样的：这孩子会安静地走过教室，坐在你让他坐的位子上，然后，之前上课的调皮行为就到此为止了。

这里没有严声厉语，仅依靠肢体语言的交流艺术，并采取以下步骤，就一定能达到良好效果。肢体语言在这种情况下非常奏效，这时候的情形就像我们向浅海游去，但海面下却暗藏着危险的礁石。

作为老师，这个时候你必须做好应对冲突的准备。麻烦既然来了，你就不能置身事外。如果真遇到这种不听话的家伙，你就要用严厉的声音向他发出指示。这是向他表明，绝不能在大家面前不听话，要让全班都知道现在你要做什么，因此，这会让那个学生在同学面前丢脸。他们马上会被这种公开的侮辱吓到，可能会进入到"继续战斗"还是"马上逃跑"的选择模式。我们可不想要他们这样做，这样的话，我们就失败了，事情将变得更加棘手。

和学生单独交流要私下进行，班里其他同学不需要注意到你们。这个犯错的学生没有被羞辱，所以他更愿意接受你的指令。如果你之前对这个孩子已经很友好，也给了他很多机会，但他还是多次破坏规则，那么你就可以把他的椅子搬出去，先用食指点着他们，再用同一个指头指向那个新座位。多数情况下，他们就会按你的示意去做了，因为你的态度一直都是友好的。

当然，这样也不总是奏效。如果你的指示不被服从，还有个非常好的办法（尽管偶尔有点风险），如果你觉得这样做很安全，你可以轻轻地拿起他们的练习本，把它放到你想让这个孩子坐的书桌上。如果他们固执地坐着不动，那他们就是公开去破坏学校规则了，因为学校里是由老师决定学生的座位的。如果他们还是执意继续破坏学校规则，而且断然拒绝移动椅子，那么你就可以跳过前三个技巧，马上使用第八个技巧去制服他们了。

离开桌子，起立，站到墙角

所有的教室纪律手册都会告诉你，如果你已经让一个孩子移动座位，并且他也照做了，但他还是改不了破坏纪律的臭毛病，那么这时候，你就应该让他们从座位上站起来。试试吧，没准会奏效的。早些年我在课堂上偶尔试过这招，有的时候会起作用，但还是有点幼稚。

如果你用了换座位这招，他还是捣蛋，那你应该让他们站起来，如果他们站起来了，还是淘气，也许他用最嘲讽你的方式冲你扭动身体示威，那么你就该让他们拿着椅子坐到墙角去了。

我打算坚定地跨过这些阶段，因为这跟已经在黑市上能挣钱、会抽烟的家伙们用这些超级保姆式的招式一样，简直太小儿科了。另外，如果他们已经把座位搬走，还是继续热聊他们的游戏有多精彩，那显然他们就太淘气了。现在振作一下，掏出你的新法宝，使用下一个技巧吧。

然而，如果你是那种很容易就能跟学生建立和谐、积极和轻松关系的老师，那么你就能成功地运用这些技巧。比如，让学生站起来，你给他指窗外某一个地方，让他全神贯注地盯着看几分钟（两分半钟，在这里是合理的）。这样做好处非常多，既可以让这个学生和全班同学都知道谁才是权威，又不会带来任何不必要的冲突。学生会认为盯着一个地方看比让他做枯燥的作业有趣多了，所以会很开心地接受你的要求。事实上，你让他这么做，已经惩罚了他的不良行为，你的目的已经达到了。

站到教室外

这是用暴怒的方法。如果你之前已耐心至极，结果却毫无效果，那么直接调整到暴怒模式吧，你别无选择了，把他送到教室外面去，他们就停止捣蛋行为，不再影响别人了。

对于所有行为管理方法都有两种可能性：或者奏效了，那就给自己打三颗星，然后在心底默喊："太棒啦！"给自己加加油；或者没奏效，失落地"嘘"出声吧，看来还是有些没做到位啊。如果方法没起作用，还招致学生向你复仇的结果，那你会切身体会到这种方法可能失败了。要是你偶然让自己陷入"双败"的境地，你可以怎么做呢？

第一，要积极。一般来说，你会用严厉的口气发布指令，并伴有显著的肢体语言（"一只手用力向下挥去"，手势技巧是莱昂内尔兄弟、托尼的专利，他们在不同的党派会议上挥着手臂强调：很多对无辜平民犯下的滔天大罪的可恶的战争罪犯，能仅仅说他们只是犯了个道德上的判断错误吗？这种手势和气势在这也适用）。这种手势可以用在"好了，迈克尔！请你向外挪一点好吗"？也可以是"好了好了，我已经受够了，请到外面去吧"！注意你提出要求时表现出的礼貌。在行为管理界有个学派，认为这种礼貌使得你发出的指令更像是提出请求，因此也更容易让孩子接受。这招真厉害！语言是不花任何成本的。这里使用"请"这个字眼，给了你非常有力的辩解理由：我已经对你很有礼貌了，我已经很尊重你了，但是你没有用同样的尊重来对待你的老师——这是一种用来处理无关紧要的事情时常用的有效方法。另外，礼貌真的掩盖了你命令学生的事实，这多多少少会让你理直气壮些。如果你陷入冲突，用这种方法掩饰是明智之举。以加强语气的方式礼貌地表达要求，比冲突式的指令能更容易让你达到目标。正如我亲爱的母亲说过的，用蜜能捉住更多苍蝇，那为什么还用醋呢？

这里要记住重要的一条：如果你让学生站在教室外面，那别超过半小时，无论什么情况，都别彻底忘了他们还一直待在那儿。如果你这样做，那我就要用一个我七岁之后再没用过的词来形容你了：蠢瓜。刚入行的老师总是把孩子留在屋外，很快你就会落下不好的名声：作为一个老师，连学生都管不好。你肯定不想这样。在很多方面，教师都是个令人不快的霸道的职业。如果你看上去是管不住学生的那种人，那么在当前教师供大于求的求职环境下，你很快就会收到大量交给上司、要求"考察"你的报告，目的是搜集证据，看你能继续胜任这个工作，还是必须把你炒掉。

如果你让学生到外面，并且他也同意，那么尽可能在第一时间到外面和他们聊天。把门留个缝，站在门缝中间，一只脚还跨在教室这边，让教室的学生感觉你还没有离开。和犯错的学生说话的时候要强硬而有理，记住，你是在跟一个"人"说话（不管他们的行为有多差劲，你要给他留足尊严）。"行了，你这节课根本没听讲。你这样一点也不好，说吧，怎么回事？"你会发现，这样一个合理的、充满人情味的问题，会让你得到一个同样合理的、充满人情味的答案。"对不起，老师。我今天太累了，家里发生了很多糟糕的事"或者"老师，我不知道哪里错了，我只是没听讲"。通常，你再稍微询问下就会知道：或者是因为这孩子的父母亲搬到离学校片区很远的地方，但没来得及给他转学，他已经连续五周早晨5点半起床；或者你发现，由于父母离异，这些孩子现在跟奶奶住，或者是由于一些同样可怕的其他事情；更甚者，你发现他们根本没有父母的监管，一直在游戏厅玩到凌晨3点。无论是什么原因，一旦让你知道了，你必须运用你的职业判断去决定怎么处理这件事。

　　这些当然是在一切进行顺利的前提下，让孩子到屋外的做法是充满潜在威胁的。这么做之前最好是预先警告，因为预先警告要好于……你懂的。

　　如果你让一个孩子站到教室外面，这孩子却拿起书包和外套，那你就麻烦了，事情会变得复杂。你需要预先做好准备，也许这计划不会实施，但是你要知道，如果事情真发生了，提前做好准备就是明智之举，它不会让你在第一次见识淘气包一连串对抗行为时感到惊慌失措。

　　此时，关键的是你早有准备：这我早料想到了！当学生把外套和书包拿到外面，这对老师是个不好的信号，意思是"如果你想让我站到外面等你，你又自找麻烦了，你吃不了兜着走吧，我告辞了"！这是他们在同学面前不丢人的办法。他们虽然已经接受了你的要求走出了教室，但却以非常公开的方式拿着东西跑出去的，他们的离去也留下了"老师是笨蛋"的信息。如果他们到外面了，那你是赢了这场对抗，却输了老师的颜面，或许也输了班里其他学生对你的尊重。但是你要想赢得这些是很难的，这个时候，立刻拿起外套和书包的淘气男孩或女孩是决意要叛逆一把了，你必须迅速把他们从邪恶的意图中解救出来。

就在他们去拿书包的时候，伸出你的手，表示你会替他们看管书包，这马上会打消他们要拿走书包的念头。他们本来打算说，他们不想把书包留在教室，因为害怕有人偷他们的书包。这简直就是装模作样，他们其实是打算逃课。那你就一脸真诚却貌似有理地说："不用了，坦率讲，我可不愿意有人乱动你东西，还是我来替你保管吧！"

这可是你在这种情景下扳回局面的最好机会。如果奏效了，你拿着书包，不用管外套，他们会把外套也留下的。如果不奏效，你还有两种选择：

A　你站门口（但别堵门）

B　让他们走（但别关门）

如果你让他们离开，你输什么了？什么也没输。一个孩子走出你的教室，不知道往哪里去，希望他们能平静下来。有可能他们会折回来（也许这个可能性不大），如果你把门或者通往门的路堵住了，那你无异于和一只不守规矩的困兽待在一个笼子里。这困兽被调成与外界隔绝的"飞行模式"了，只有与你一决雌雄。对他们来说，这种模式让他们别无选择，他们感到这个时候就是跟你动手也没什么大不了了。如果这样的事情发生，那你就可能满盘皆输。

我在这章前面提到过，在我教书生涯的头一年，我被同一个学生身体攻击两次（在他被赶出教室之前，我不得不被攻击两次，这是对这个缺乏尊师重教的国家令人沮丧的控诉）。但这是我的错，因为当时我堵住了门。

当教师在脑海里回顾他们的职业生涯时，每个人都有一些难忘的东西。对我来说，那是我一次特别的失误造成的：堵住门。如果那个学生公开挑衅你的权威，他们手里拿着外套和书包试图离开教室，这时，你会为了重获权威而做徒劳的尝试。有的时候你堵住门是有效果的，这孩子受到适当的羞辱，他们回到座位，也许正如你希望的那样，他们被轻松地、及时地、合理地打败了。如果事情顺利，那真是这样了。但如果不顺利，一切就会变糟，你可能会陷入丢掉工作的严重风险。

如果你是男性，对于有人推你胸部的本能反应是回击他。如果你是女性，你可能想要告诉动手者（或你自己的）所有的朋友，让他们知道他是多么差劲。幸亏崩溃和冲动还没有冲昏头脑，麦克推我的时候，我克制自己没有那么做。就在那片刻，我感受到血脉贲张，但谢天谢地，就在我抬起手的一刹那，大脑传递的警告让我停住了。所以，没有握紧拳头而是展开手掌，我举起手来，就像50年代西部片里面被枪指着的罪犯一样。就在你被人身侵犯的时候却要举起手来，这真不是令人愉快的感觉。在一群你教的小屁孩面前发生这样的事，那更是令人痛苦不堪。而当你有能力去回击他，却不可以这么做，只能被当成无辜的牺牲品时，那简直让人无法忍受。但是记住，你确实不能这么做。

但如果我没有试图从麦克手里夺外套的话，这些事情是不会发生的。确切讲，如果我没有堵住门的话，这些事情也是不会发生的。别这么做，这样真不值，就让他们走吧。

留校惩罚

在我从教的第一个学校里，我想我大概有3~4年的时间没有对任何一个孩子做留校惩罚。老师们永远不会喜欢这种惩罚方法的，"什么？一个孩子犯错了，却要我跟着一起留到那么晚！粗暴的裁决，其实是专制。"

不要过度依赖留校惩罚，这样做其实没什么用处。当然，如果是午饭前的课，或者放学前最后一次课，让他们晚走一会儿，反省一下是可以的。但是让班里其他同学一起留校，这种惩罚对他们来说就像噩梦一样了。我可以跟你打赌，你转身孩子们就会逃跑，本想让坏孩子受到惩罚，结果他们没怎么样，自己却陷入无休止的痛苦、作业和争执的纠缠中。这种办法可是制服不了他们，他们太调皮了！

但是，如果偶尔为之就没什么不妥了。让几个"惯犯"留下来，恰好又是你当天的最后一节课。但这里有几个秘密你要知道，首先，请相信留校惩罚期间，你就是个彻头彻尾的法西斯，放学后和淘气包一起坐在教室里可不是你分内之事。这时候，你本来是应该批作业，或者是和同事说笑，或者是该坐在回家的公交车上，陪他们坐在教室里可不是让人开心的事……

但是，你表面必须把它装成一件开心的事，过时的教学方法里面最有用的经验之一就是"如果你不喜欢惩罚他们，那你的惩罚就不会起作用"。

"什么？"我听到你的惊叹了，"我买这本书是因为我相信孩子性本善，但这家伙写的东西显然就像是个精神错乱的虐待狂！"在学校里，作为新自由主义虐待狂的可怕思想还真是有销路的。"虐待狂"告诉你留校惩罚的办法（只是留校惩罚），并可以带来很好的效果。

留校真的是你翻牌的好机会。按学生遵守秩序的程度，一个一个让他们离开。霍华德第一个走，所以他可以在被另一个野蛮女老师追上之前先跑回家。然后是那些特别乖的孩子，接着是能按要求做的孩子。显然，下一个不会是扰乱别人学习的淘气包。这样做，让他们失去了和普通学生一样的按时放学回家的权利。

这时候，你要让淘气包一直坐在靠门的椅子上（不要坐在门口，记住，别挡了门）。然后或者命令他们回去做作业，或者让他们忙一些你专门指派给他们无酬劳的适合的工作（让他们帮你削一整盒彩色铅笔，这样既是愉快的精神惩罚，又能帮你削好彩色铅笔。真正道行深的老师都知道，让他们干活能带来惊喜，所有规矩指令都没有用）。

我们现在对付的这些孩子，是习惯跟父母谈判并要从谈判中获得好处的一代人，他们会尝试和你谈条件。不要这样！留校惩罚是老师要求的，没什么可谈的。但是，你必须准备好怎么应付他们可笑的、惯用的谈判借口。

可笑而惯用的逃避留校惩罚借口一 ——"我要去看牙医/医生/眼科)"。

建议老师的回答是："你不用去了，坐下吧！"他们就不去了。即使他们真需要去，这些也不可能是生死攸关的事情，只要再约时间就好。

可笑而惯用的逃避留校惩罚借口二 ——"我要去替人照看小孩"。

建议老师的回答是："你不用去了，坐下吧！"这个更难办点儿。通常在我们国家，家庭中大些的孩子必须去学校接他们的弟弟妹妹。这个你要调查一下，问问其他学生这是不是真的，很有可能是诡计！因为多数照看弟弟妹妹的孩子都是在安全、温暖、舒适的小学，除非你有相反的证据，否则别听他们这种借口。

可笑而惯用的逃避留校惩罚借口三——"我要回家"。

建议老师的回答是："是，我也要回家，坐下吧！"你说这话时候要勃然大怒。这时候孩子是在考验你的意志，如果你退缩了，就等于把不听话王国的钥匙交给了他。不要这样！这样他们会犯更严重的错误。你应该把留校惩罚时间再延长两分钟，否则每次他们都会找这个借口了。

可笑而惯用的逃避留校惩罚借口四——"你留我不能超过20分钟"。

建议老师的回答是："20分钟是从你安安静静坐在椅子上开始算起的，坐下吧！"

在留校开始的关键几分钟里，保持一个完美纳粹的形象，这在各方面都是至关重要的。他们会绞尽脑汁，通过用各种可能的办法挑衅你的权威，以此来考验你的意志，他们会乐此不疲。他们会恶狠狠地冲你龇牙咧嘴，那样子有时候会很恐怖。这时你必须转过身来，嘲笑他们使出的这种最拙劣的荒诞行为。笑的样子要像你不想骂他们，而是喜欢看他们的怪模怪样。最好的方法总是看上去毫不在意，却能一切尽在掌控之中。不管他们的行为多么夸张，你都不要显得慌乱，温柔、含笑地轻轻说："你课堂上浪费了我的时间，我想我现在浪费你的时间也是公平的哦！"然后居高临下地稍稍单挑眉毛，效果好极了！

一旦你让所有的捣蛋孩子都安静地坐下来了（注意你可能不会轻易做到这点，你必须要挺过来啊），你要跟他们个别谈话。这时马上责备绝不是友好的方式，但是要适当的严厉，并简要说明你对全班同学的期望。责备的话这样说：

1. 要求道歉。

2. 接受道歉后，再问他们为什么道歉，每个人都要这样做。我也不确定为什么，我想这样可以对以后的教育起到事半功倍的效果，就像是行为处罚，既要确定犯罪的性质，也要将不能再犯的概念植入罪犯头脑。也许让孩子解释他们的道歉好像没有必要，然而，我认为这恰是问题的关键。这样做其实就是在"不要咒骂老师"的蛋糕顶端放上最后一颗樱桃，否则他们幼小的心灵难免会记恨你的，清楚他们自己有错在先，情况就会好很多，不是吗？

和孩子们个别谈话的顺序是按他们无法无天的程度倒着来的，当然，除非有人在留校期间行为过分，这个顺序可以打乱。这期间表现差可是要比课堂上的任何捣乱性质更严重。你扣留几个学生虽然让你感到麻烦和棘手，但这也是你运用技巧和摸索"绝招"的时候。

是否接受学生的"惩罚"

如果你在人员混杂的市区工作，那就可能会遇到一些陌生化的表达，就好像是一种全新的语言，让你不知所云，至少开始时是这样。的确如此，比如有个概念叫"不走寻常路"。不走寻常路，用孩子的理解是"如果你不接受我们对你的惩罚，那我们就不会听你的话"。如果在留校期间，你被严重戏弄，孩子们拴上了门，或者躲在了桌子底下，或冲你大声喊叫，那么你就身处险境了。他们已经将你置于绝境，想要看看你到底是什么金刚不败之身。记住，这是他们对你的"考验"。此时正确的回应应该是"不走寻常路"，包括故意跟他们的头目混在一起，让他们搞清楚你们之间到底谁说了算，这可是需要相当的智慧和胆量。不要去管20分钟的留校规则，只需在他们安静地坐好后才开始计时。在这种情况下，需要你做得远不止这些。

不停地提出让人发晕的问题，巧妙地以不同的方式对同一个问题问10分钟，限时回答，并且开玩笑地自言自语，说说你午饭要吃什么，你还可以问问他们中午可能或者不可能吃什么。聊聊袜子吧，让他们画不同的袜子，然后让他们说出心中哪双袜子最适合哪个老师穿。或者讨论一下他们认为谁会是你放走的第一个留校同学，原因是什么。也可以让他们猜你最喜欢的树是什么，直到他们说出第十四个答案，你才做肯定回答。简单说，就是做任何事，目的在于浪费他们的时间，却是通过轻松的方式表达出来，这就是"不走寻常路"。当你被指责"太过分"时，先对你的"无知"道歉，然后在教室中间用重重的语气说："真的是非常对不起，但我真的不知道这个词是什么意思，你们必须给我解释解释。顺便问下，你们能说出多少种奶酪的名称呢？第一个写出十个的同学可以马上离开教室。"

当他们听了之后，然后面带微笑、傻乎乎地去执行这个可笑的任务时，你就摇身一变，成了严厉的老师，你要告诫那些捣乱分子，以后你希望同学们给你更多的尊重，并能好好学习。再坚持一会儿，建议下他们，如果能保持两分钟安静，他们就可以回家，然后让他们一个一个地离开。既没有"刀光剑影"，你的伎俩在学生面前也"深藏不露"，但你已经给他们传递了严厉的信号。第二天他们不会恨你，也不会把你的课和对他们的留校惩罚当成残忍的事。

延长留校时间

把孩子们的名字写在黑板上，并且每个名字旁边写上各自的留校时间，比如：吉米——7分钟，雷格——9分钟，安布尔——永远。这样做很有效，尤其是难对付的留校惩罚，确实值得一试。记住提醒孩子们，留校时间是从他们安静地坐在座位上那一刻开始算起的，如果他们做不到，你就开始在黑板上增加留校的时间。如果有个孩子根本搞不定，或者试图跟你谈判，增加2分钟！走到黑板前，划掉他名字旁边的5，写上7，如果他还不听话，再写上9。如果他们以粗暴方式直接挑衅，那就5分钟、5分钟地往上累加。

终极制裁

打电话报告家长。你会发现这种方式的结果多种多样，这主要取决于孩子的种族。如果你所在的学校有非洲裔的孩子，给家长打电话通常能解决任何问题，孩子回家肯定是被一顿狂揍，那在你拿起电话前就要斟酌再三了。在这里不想对家庭暴力做陈词滥调的叙述，但是许多禁忌都多少有点自相矛盾。比如在一些社区，中产阶级白人一直把体罚孩子看做是虐待儿童，但是管教孩子有时不得不让他们受点皮肉之苦。所以，如果你给一些孩子的家长打电话，你就可能变成孩子悲惨经历的催化剂，做之前还是想想吧！

给学生家里打电话有一种标准模式，能确保你不会听到满嘴的责骂。记住要先表扬，也许这个学生是个极端让人讨厌的家伙，他让每个老师的生活都像在地狱中煎熬。但是记住，孩子的爸爸妈妈可能并不这样想。你要知道，孩子父母都是无条件地爱着自己的孩子，他们不会对你直接列举他们孩子的罪状表示感谢的。先用正面表扬作为突破口，"你好，萨格夫人，我是大卫的刺绣老师，他最近给我做了一件令人赞叹的手工作品。我很喜欢他嘻哈式的幽默，但是这节课他对霍华德有点过分了，我想你能不能说说他，用针去刺另一个同学的眼睛可不是你儿子这样优秀的年轻人应该做的事。"

像这样说，你会得到很好的反馈。因为你知道孩子的优点，萨格夫人认为你喜欢大卫。所以等大卫放学回家，萨格夫人很可能会私下里悄悄跟他谈话。不管你给大卫家打电话，会给他带来什么结果，带给你的结果是无需置疑的：他知道你兑现了你对他的威胁，下次上课他不就太可能刺霍华德了。

这点非常重要，如果你威胁要制裁学生，那就必须兑现。孩子们很快就能洞察老师的哪些威胁是说话算数的，无论如何都不要对一个孩子说："你知道我是认真的哦！"如果你这么说，他们就知道你并不会去兑现。

如何对付人身攻击

当你身陷绝境时，如果学校道德犯罪很少，学生也比较顺服，那你就相当幸运了。尽管如此，你也可能在你早年的职业生涯中遭遇一些麻烦。

这完全不可理喻，老师会在完全没有防备的情况下被人身攻击，还是被那些你可以轻易就拎出教室的六七岁小孩，但是他们一点都不怕你。在这种情况下，你要合法地控制自己的行为。

如果孩子准备伤害他们自己、其他学生、学校设施，或者最重要的是要伤害你的时候，那就要从背后用手臂抱住他们。你控制他们的行为，这样做是为他们自己好。如果你把击打、拽头发、撕扯这些招式都使出来，你的工作可能就保不住，你必须遵守法律。只有这样，你的同事和校方领导才能绝对支持你。

法律上允许你找个大个孩子帮助你去制止他，但是不建议你这么做，因为有些孩子的体格实在太大了。一个经验丰富的副校长曾经建议我，如果有孩子以攻击和威胁的方式侵犯到你的人身安全，那么在你的权力范围内，双手抱住他上半身，把他放倒。这好像很合理，但是风险比较大。在危险时刻，你最好的方法就是到大家都能看到的走廊里，最好是被另一个同事看到。在极端情况下，你应该也把班里其他同学都叫上。如果这个孩子行为严重失控，抢起椅子，这时候你有责任代替其他孩子的父母保护班里所有的孩子。让所有孩子都出去，离开这个失控的家伙，把他送到校长室。这样做你保护了所有的孩子，包括那个抛椅子的家伙。

许多老师会告诫你，永远都不要触碰孩子的身体。他们的意思是，你不了解在现实中这个孩子经历过什么，也许碰到他们的旧伤，会给他们带来更大的伤害，遵守这个规矩是在保护你自己。但在现实中，真的很难绝对遵守这条戒律。情况可能是当你和你的学生之间已经非常信任的时候，你拍拍学生肩膀，祝贺他取得好成绩，这看起来是无可厚非的事情。这又需要靠你的职业经验来判断了，但在你从教头几个月，你还未能正确做出这种判断之前，还是严守不要接触孩子的戒律吧。一旦你锻炼出了这种职业判断力，就会意识到避免接触异性学生的重要性了。

当你面对一个行为完全无法接受的孩子时，比如他们肆意地喊着你的名字和脏话，这里给你一条有用的方法：完全置之不理，并记在笔记上。你把他们各种罪证都记录下来，日后控诉的时候就有据可查，你也可以把它当作手里的把柄。当这孩子变得彻底无法挽救时，最糟糕的感觉是你无能为力，说什么做什么都不会对他产生任何影响，更何况还是在一群你的学生面前。记录，是一件会使这个无可救药的孩子意识到对他们产生某种影响的事情，它还能够激怒这些孩子。他们之所以变得不可救药，一部分原因就是他们让你展现了你的无能。通过记录，你又收回了主动权，班里其他同学也能看出这一点。

走廊和斗殴

在学校的走廊树立声望，是英国学校范围内让人称赞的规则。你会发现，如果一个老师站在楼道里时，有学生向他脱帽，这就表明这为老师已经获得了学生的尊重。然而要想得到这样的地位，你是需要付出努力的。刚来学校的头几周，你一般不会有这种待遇。那些被学生尊重的老教师对在走廊的任何违纪都非常严厉，那你是不是就模仿他们呢？千万不要（不要马上这样）。他们在这个学校已经好多年了，时间为他们赢得了声望。对孩子们而言，你没有跟老教师同等的地位，但是通过对走廊里每个行为细节的潜心研究，你还是很有可能获得尊敬。

在走廊里建立声望不可操之过急。开始几周，你可以试着和那些戴着帽子的调皮学生交往，或跟他们玩几场恶作剧，尝试下突然大声地、向不同方向尖叫"帽子"，看看是什么效果。仔细观察你尊敬的老师们在走廊里是怎么做的，然后自己慢慢实践吧。

另一件可能发生在学校走廊和操场上的事是斗殴。这两件事分成两部分，需要用完全不同的方法来处理：一部分是只有男生参与的打斗，另一部分是有女孩子参与。第一种相对来说好处理些，快速判断哪方输了，然后走到两个孩子中间，用一个手臂抱住打输了的那个孩子，把他们一起带离走廊。多数男孩之间的斗殴特点是，两个非常胆怯的年轻人因为受到同伴挑唆，做了他们其实并不想做的事。如果打斗被制止，教唆的同伴就会极度沮丧。那个快要打输了的同学实在不想继续打，所以一旦你伸出援助的手臂，他们就坚持让你来干涉这次打斗。他们会特别感谢你，尽管表面不会流露出来，因为你让他免遭痛打和颜面扫地。你要做的就是，把他们马上从危险境地带离，你再打扫"战场"，并就发生的事件撰写报告。把两个男孩临时隔离开，然后你就可以回去工作了。这种临时隔离的做法很蠢，但是我工作过的所有学校都采取这种做法，他们好像并不关心谁是挑起祸端的人。

有女孩参与的斗殴显然不同。如果你没有一点策略就贸然介入，你很可能会受伤。在我的职业生涯里，我曾经不幸地见过一个生气的年轻姑娘扯断了另一位同学的半条胳膊，我还看到过一个小男孩因为跟一个愤怒的女孩的双手接触太近，耳朵被撕裂，喷出的血流得满地都是，我的前臂也被抓出深深的伤口，还有一件我最喜欢的衬衫被划破。在这个世界上，女性物种实在是比男性要狠毒得多啊！你有两种选择：

1. 让她们互相厮杀；

2. 住手 — 反思 — 行动。

以上第一条，尽管当你站到两个女孩中间时，你尽量保护自己的脸，但显然是徒劳的，直接劝架真不是一个好的选择。如果你打算干涉，那也不要马上这么做。你要明白，你只有一个机会，所以你必须想好。思索片刻，然后按住更占优势的女孩的双手，毫不犹豫地抓住她的手腕，用尽全力把她从另一个女孩身边推开。这样做也许奏效，如果不奏效，你就准备缝针做手术吧。可别发火啊，没用的！

动刀

在学校，我从来没见过动刀子，尽管我听说过，但我觉得还是不太可能需要处理这种事情。如果你按照我的建议来做，那你就会远离这种事。政府也永远不希望看到这个荒谬的数字：多少老师在课堂上被杀害。

与学生建立积极的、建设性的关系

这个标题中有两个形容词，如果没有第二个，那么第一个就起不了一点作用。对于你应该表现出友好还是严厉，你需要划定界限，你觉得怎么样做更舒服就是更有效的方式。但是，给你个警告：年轻老师可能会犯跟学生走得太近的错误。这是可以理解，也难以避免的，但是，如果你在班里失去权威、学生把你当成嘲笑对象的话，你将会花很长时间重建本该在一开始就树立的职业距离感。你可能只比他们大几岁，但你并不是他们所需要的伙伴，而是全权负责学习环境的导师，只有这样做才能让他们更加安全。

情感是有感染力的——做一个开心的教师

所有的情感都是有感染力的。如果有人愤怒地朝你大吼，你能保持平静吗？不，绝对不能，你肯定也会大发脾气。如果你旁边有人哈哈大笑，你会觉得折磨还是你自己也跟着笑呢？当然是后者了。接受这一点吧，你会被情绪感染，就像感冒传染一样。一个课堂管理方法是不是更好，一般看看学生的情绪就知道了，孩子脸上总是愁云密布还是阳光灿烂？答案显而易见。

这是有科学理论支持的。在美国曾经对一个人做过这样的实验，这个人得过两次中风，这意味着他的眼睛虽然还能看到影像（其实是他的目的和意图在起作用），他的大脑却不能加工这些信息，所以他全盲了。一些智商高而情商低的科学家给盲人看一系列的图片，希望能了解更多状况。这些人给一个盲人看系列图片并问他能看到什么，他们认为这是聪明的做法，为什么？我真不明白。我觉得这就像是攻击他人致命的弱点，但是他们依然要这样做。

首先，他们给他看一系列形状，并问他看到什么。你会听到忧郁的回答："嗯，看？！虽然我很尊重你的职业，但你知道我完全瞎了，所以这讨厌的问题一点用没有，它只能提醒我现在越来越差的状态！我什么也看不见！"然后不断地拿出正方形、三角形、圆形等等，直到十二面体的轮廓的出现。无论图形如何变化，受访者的答案始终如一。

然后，在挫败感中，他继续被要求看系列的脸部图片，毫无疑问，还是是同样的答案："嗯，看？！虽然我很尊重你的职业……"但是这时有重要的差别：尽管他发誓自己瞎了，什么也看不见，当然不能认出脸部图片，他却能100%准确地告诉科学家，那张看不见的脸上流露出什么样的表情。穿白大褂的聪明人就此得出结论：他能够看到信息，但这个信息不是用脑部的视觉加工系统，而是用其他的系统进行加工的。

据此，他们得出的结论是，大脑实际上有两套认知系统。第一套，正如丹尼尔·格尔曼的《社会智能》一书中所阐述的，人类关系的新科学，是人体操作系统中的"高速公路"，它从眼睛进入，控制基本原理和高阶思维。格尔曼还将盲人用来识别他看不见的脸部图片表情的认知系统定义为"低速公路"，这种知觉系统基于感觉，但是要比高速公路的运转速度快得多。给一排站岗放哨的狐獴拍个照！

右边的樵夫在干什么？西德尼，告诉左边的小个子，埃格伯特，看到老鹰了吗？他正朝另一边看呢！

他通过他的"低速公路"的认知系统，感觉到左边远处狐獴的悲伤。

卢米埃尔兄弟在1895年第一次展示他们的运动画面（电影的诞生），地点是法国南部拉西约塔火车站的巴黎咖啡厅，画面是一

列进站的火车（不知你是否看过这个片，挺垃圾的。简短说，叙事结构是这样的：火车在远处，火车向前开，停了，人们从火车上下来）。这却在人类身上发挥作用了，那些最初的观众虽然大概知道什么是运动画面，但还是尖叫道："天啊！末班车！末班车！"当火车的影像开向他们的时候，他们在恐惧中冲到咖啡桌下面躲避。

同样道理，巴黎人认知的"高速公路"本应该被合理地理解为仅仅是电影，而且斯坦和雷格·卢米埃尔已经告诉过他们将会发生什么，他们不应该惊慌失措。如果他们冲到桌子底下，溅出味道难闻的咖啡，那他们在经历这个过程时，肯定是他们的"低速公路"为他们做出了决定。

这跟你的课堂有什么关系呢？你是站在教室前面的人。你在试图吸引你学生们的"高速公路"，但在"高速公路"被激发之前，"低速公路"却发挥作用了。他们对你的穿着、面部表情、肢体语言，甚至你的地方口音产生了兴趣。兰·吉尔伯特在他的《教室中的重要动机》一文中有句著名的话："老师，我听不见你在说什么，因为你的声音太大了。"

感情是能传染的。请试想，你能在30秒内说出多少个老师的特质？其中你说出的哪两种特质你认为是最好的？（注意，如果你把逗乐型的老师定义为潜在的伟大老师，那么也许你应该考虑换个职业了。光想着逗乐，不传授知识也不行。)

当问到这个问题，多数人会抓住"开心"这个方向说出很多答案。他们选对了！如果感情是可以传染的，那么你可以想象，"开心"的老师的课堂是个多么舒适、幸福的地方啊！

做一个实验：摆一面镜子在面前，然后脑子里想象自己是"开心"的老师的样子。看看镜子里的你应该是什么表情，应该说什么样的话呢？感情可是会传染的哦！

如果想要跟你的学生建立积极的关系，你所能做的就是牺牲自己的时间和精力。如果你内心纠结什么事情，对他们开诚布公吧；如果你生活中有什么有趣的奇闻异事，对你上课的内容有所启发，直接与他们分享吧；如果你被什么行为伤害了，对他们直言不讳吧。你是一个人，你有情感，你就是你。孩子们很远就能嗅到虚假的味道，所以还是试着别把自己放在不合适的套子里了，别伪装了。如果你要做老师，就做你自己的版本。这里引用罗·雷德的一句话："我与你们不同，但是个好人。"就做那样的人，孩子们一定会喜欢你。

然而，如果他们把喜欢你作为让他们逃避做作业的方式，那么你即使受欢迎也没有意义了。世界上每个学生都是分散老师注意力的高手，即使只有一半成功的机会，任何学生也会去诱使老师不布置作业，哪怕付出点假装崇拜或喜欢的代价也是值得的。要小心啊！你可以被愚弄一次、二次，但是别天天、次次做傻瓜。

请不但对他们要保持警惕，对你自己也是哦！

识别学生逃避作业的借口

在列举了那么多防御方法之后，我想应该追本溯源，从问题的根本（学生）分析。弗朗西斯·普林斯，16岁，是我非常喜欢的一个学生。他本来很有希望在英语上取得好成绩，但每一步都得由我拖着走。在我教过的所有孩子中，弗朗西斯最不愿意做作业，但他绝对是个天才。就像兰·吉尔伯特说的"一个卓越的超能人才总是不能达到要求"。弗朗西斯在如何偷懒上花费了大量的精力和智力，如果这些能用到正道上，他早得8个A了。

我曾找弗朗西斯谈过，"弗朗西斯"，我这样称呼他。"嗯，老师。"他答应着。弗朗西斯沉迷于他的街舞，他总想方设法地逃避学习。他是工薪阶层白人的孩子，住在任何工作都是有偿的社区，我"贿赂"了他。"弗朗西斯，你掌握了所有逃避学习的方法，我无能为力了。我给你30英镑，你把所有这些写下来好不好？"这是第二天早上放在我桌上的东西，上面写了他逃避作业的技巧。

我叫弗朗西斯·普林斯。我认为我是个好学生，但是我的所有老师都会在两周之后发现我不太爱学习。总的来说，我讨厌学校。我一直用我的大部分时间在想办法逃避学习，我尝试好几天不去上学。我想这是受到家庭的影响，他们是工人阶层，我家人的学习成绩都不好。我爸爸甚至没有毕业，我妈妈辍学考了个厨师证。我用过许多不上学、不学习的方法，它们是：

1. 当老师让我做我不会的作业时，我或者继续做我感兴趣的事，或者去做跟作业完全无关的事。老师转回来的时候，我就完全正常了，并问他一个跟布置的作业有关的问题。

2. 我会尽量在计算机上多做些作业，以确保我总是保持在电脑上开始做作业的状态。这样的话，当老师问我"你的作业在哪里？弗朗西斯"，我就回答我已经在电脑上开始做了。这样他们就没办法了，只好让我继续在电脑上做作业。

3. 学习的时候，我很快地变换主题，然后开始学习新主题的细节问题，这样老师就会从他的教学中分神，不知道我在学什么。

4. 我对班里所有人都很慷慨（包括老师和同学），如果有人要借钢笔、书或电脑，我都会给他们，这样我就没有用来做作业的东西了。

5. 如果要上我不喜欢的课，我会故意把我书包丢到什么地方，然后假装我的作业在里面，从而让老师相信我需要去取作业。拿着假条，我会到走廊里溜达一会儿。因为我已经有假条，所以有老师问我在干什么时，很容易就能搪塞过去。

6. 我偶尔跟人聊聊我的学习，假装我真的很认真。他们会很同情我，并在学习上帮助我。

7. 如果我学习的地方太小，或者太吵，我会假装我的注意力被分散，因为环境而不能学习，我会很快举手跟老师抱怨。

8. 有时候我假装生病得很严重，不能学习了。我抱着头，在桌上安安静静趴半个小时，然后我请求去看校医。

9. 我总是夸张和过火。当有人不小心踩我脚或什么东西碰着我时，我会大喊大叫，我总是期望老师把我撵到教室外面去。

10. 如果我在学校不能被"打扰"，那么我就会回家做作业了，当然我可没打算做作业。下次我看到老师，我会假装我家的电脑零件坏了，然后给老师看我伪造的我爸爸的信。

11. 如果忘记带我的体育课用品了，我会假装丢在了公交车上。我也可以给公交车公司打电话，说我把书包忘在公交车上了。

12. 这条简单。我只需要坐在那里凝视远方，不跟任何人说任何话，好像我在思考。

13. 如果我这周过得很糟，我会犯点事让老师把我隔离起来，这样我可以一整周不用上课啦！

14. 如果我在电脑里找到一份我以前做过的作业，我会把它缩小窗口，然后玩游戏。当老师过来时，我再放大窗口，老师就会认为我真的在做作业。

你可能会问："为什么？为什么他想办法逃避学习？为什么他不想办法取得好成绩呢？"哦，让我来告诉你吧：我不是学习那块料。"披头士"先生说，我绝对是个天才，但我对学习可是没把握。

在成为老师的头几个星期，你就会遇到弗朗西斯的所有花招，尤其有才的地方是他可以把所有花招都综合成可爱、有趣的懒惰。全世界逃避学习的花招都是通用的，你要做好准备哦！

不是所有的学生都像弗朗西斯，多数人还是知道来学校的目的是什么。如果老师坚持让他们努力学习，他们还是很愿意学习的。

如果他们觉得你没有激发他们学习，很快他们就会去校长那告状了。那么，究竟怎样才能让学生主动地学习呢？有什么方法吗？

将学生犯错的苗头扼杀在摇篮里

不幸的是，对此没有能让你快速掌握的现成的技巧，而你能学到的一系列技巧，其实只是态度问题，你必须以这种态度为模板。如果老师每次上课都能下定决心让学生发挥最优状态，那么这种期望就会真的传递给全班学生。当然，如果你要让他们做到最好，就不能对他们太宽容。

有个办法你可以用，那就是将学生犯错的苗头扼杀在摇篮里，不给他们留一点这样的机会。在给学生布置完作业时，你要站在教室前面。有孩子举手你也不要走到他们座位中间去，就让他们坐在那里等待。因为一旦给孩子们布置了作业，你的注意力就应该是集中在确保他们专心致志完成作业上。这时候你如果因为什么事，把那几个不听话的学生叫起来，看上去就像是在庇护他们不做作业的行为，这不是"助纣为虐"了吗？这时候你应该悄悄地用很友好的方式点那几个犯错者的名字，并用手指轻轻地敲敲桌子，暗示他们现在是专注学习的时间。当全班同学都开心地埋头学习时，你再把刚才那几个有问题的举手的学生叫过来，注意要叫到教室前面。

如果你在布置作业时这样做就失败了："让我们给英国教育局视察的官员们看看吧，我真的很愿意满教室跑，给所有孩子指导功课。"在指导时，你放弃了教室前面的领地（你神圣的象征性位置）。对于一些疯狂的学生而言，他们就会忽视你的存在，他们会觉得即使自己为所欲为也没人管了。记住，要待在教室前面，在这儿你能单挑眉毛、微微点头，用眼神表达你内心的情绪。只要你没有离开教室前面的位置，这些招式你都能用。

在你帮助一些孩子辅导功课时，其他学生就不写作业，而陷入混乱了。这个确实难办。如果一个学生要你再解释作业的内容，或者有学生真的一点没听懂，要你特别辅导，如果这时你让其他学生放任自流，乱成一锅粥，那肯定是不明智的。你要注意，在你需要对学生个别辅导时，其他学生会把它当成尽情玩乐的信号，噪音分贝会马上上升。如果你不赶紧制止，班里每个学生都会在这空当开始聊天。

这时候的秘诀就是位置。如果你打算在教室里巡视，想看看是不是所有孩子都听懂并会做作业时，你就要像舞台剧的演员，一直面朝观众，不能背过身。站好你的位置，这样你就可以一直用眼睛看着你要辅导的学生，然后用眼睛的余光关注班里的其他同学。你可以在约瑟夫万万没有想到的时候喊出来："约瑟夫，我可是看着你呢！"

把桌子按组排列起来会帮到你，这会便于你在辅导学生功课的同时，还能用眼睛盯着班里其他同学。如果孩子们在该做作业时想要胡闹，你不要去挑衅他们这种行为。"约瑟夫，你在聊天！"你会得到这样的答复："不，我没有聊天！"你会和学生陷入愚蠢的、没有意义的争论，同时也分散了其他孩子的学习。"约瑟夫，请你专心写作业好吗？"这不是谴责，不会带来争辩。在所有这种情景下，温和地引导他们继续好好写作业比指责他们效果好得多。毕竟，让他们写作业才是你想让他们做的。

合理运用赞扬

夸奖是你整个百宝箱中最有价值的工具了。如果你希望孩子们喜欢上你的课，这一条你必须运用自如，你也必须把它作为一种行为管理方法应用于课堂。

让我们假设这样一个场景，这也是你未来教师生涯中很有可能每天经历的场面。

你走进教室，多数学生坐在那里，摆好学习用具，微笑地望着你，等待知识的洗礼。但是查理没有这样做，他没有意识到这个时候该干什么，他觉得这个时候是恶作剧的时间。查理身高6.4英尺，像堵墙一样高，但是性情古怪。

你该怎么做？

A　责备他

B　不理他，但是开始表扬班里其他同学

你如果选择A责备查理，会发生什么呢？况且在责备时，还很不明智地的选择了公开场合让他丢脸。当一个孩子，尤其是13岁以上的男孩被置于威胁之中，比如身体遭受危险，或者像这种被老师羞辱，他复仇的大脑就会进入战斗模式。这时，他会很快做出激烈的反应。也许他会跟你发生争执或直接冲出教室，这两种结果都不是你想要的。所以，不要点查理的名字，虽然他表现不好。把你的注意力转向约翰尼，点约翰尼的名字会简单得多，因为他更温顺、更听话。"约翰做得很好，谢谢你能这么快坐好了，我已经注意到了，不用老师说，每节课你都能把用具很快整理好，真是太棒了！看你的工具摆放得多好呀！顺便说下，你的鞋子也很漂亮，这周你是不是理发了？这么精神！"你能看到这个乖孩子沉浸在老师的夸奖中，脸上流露出骄傲和难为情的表情。正面的肯定和夸奖是孩子们真正需要的，但这赞誉之词不可以随便就给学生，只有真正做到优秀，老师才会表扬。

然后你转过身。放心吧，查理的学习用具也破天荒地摆放好了，他直直地坐在那儿，甚至用裤腿蹭蹭脚上的跑鞋，让它们看上去更亮些。

羡慕别人被表扬是每个孩子共同的心理，你要学会利用它。你可以单独对某个学生使用，也可以在小组成员中公平、有效地使用。如果一上课你就发现多数孩子很难管，只有几个学生能乖乖地坐下来，那你就赶紧对这几个学生运用这个方法。"吉米做得很好，你按老师要求的做到了，也谢谢方米和她的同桌。还有谁准备好上课了？小吉米？很好！特雷西，好样的！"你表扬那些表现好的孩子之后，所有学生都愿意按老师要求坐好，准备上课。这要比吆喝有效得多，"快坐好，你们这群猪！"你声嘶力竭，还是没人理会你。所以用表扬的方法，既不让孩子蒙羞，你的神经也好受很多。

赞扬法真是管理课堂行为的好办法。之所以它能成"万能药"，原因很简单，你的赞扬能让孩子们自我感觉良好。如果你能让每个孩子都觉得自己是好孩子，那你就成功了。你会发现跟总是被批评的课堂相比，受赞扬的孩子会用更正确的方法对待学习。

在我做培训的时候，有这样一个活动：我会选5个人，在小纸条上写上赞扬他们的话，把小纸条分别粘在他们身上，然后大声念出来。他们是200个观众中选出的5个人，尽管这些老师是理性的、高智商的，他们能看穿这不过是胡编乱造的赞誉之词，但我敢肯定，当他们收到小纸条的时候，他们会想"教授……已经注意到我了……而不是你们其他人。我就跟你们说过嘛，我是很特别的！"其他人都会想："为什么选他，而不是我？我比他可强多了！"对赞扬的羡慕甚至存在于一屋子接近中年的专家中间，虽然他们比孩子们的认知力强很多。

继续这个游戏，让他们尝试在这些人中寻找喜欢的东西，并要告诉他们喜欢什么（这是做一个好老师的关键，你需要发现学生的优点）。我把5张纸条都给他们，让他们记录屋子中任意5个人的优点。当进行到"贴纸条"环节时，会出现两种情况。有些人发现他们特别受欢迎，那些被贴满纸条的人简直太幸福了，他们从培训班高兴地回家，觉得与同伴相比自己简直是无与伦比的优秀。

但是，对于少数几个无人关注的人呢？他们会是什么感觉？

非常糟糕！他们回家会想"我讨厌其他老师，他们都是王八蛋"。我做过无数次这样的活动,并且有一次,整屋子只有一个人没有受到任何赞扬。这位女老师合理的反应是怎样?她抽泣着跑出教室。如果赞扬是威力无穷的利器,那么缺乏赞扬甚至会变成残酷无情的匕首。你应该公平地去赞扬,把溢美之词平均分散开来。只抛向某个淘气的男孩或者某个聪明的孩子都是没有用处的,你要确保它能到达教室的每一个角落。

每个班里都会有些害羞怯懦、受冷落的孩子。他们要求得很少,却总是很乖,许多老师恰恰忽略了他们。制定个策略吧,不要再犯这样的错误。选一个安静的孩子,每堂课甚至一周时间都公开表扬他。挑个因学习落伍而内心备受困扰的男孩,让他感觉自己是独一无二的。从西蒙·考埃尔的书中可以受到这样的启发,如果问他的成功秘诀,他的回答是,他会想象他遇到的所有人头顶上都有一个巨幅标记"让我感觉到自己的重要"。

在你的班里也会有这样一群孩子,在他们年轻的生命历程里,没有听到过什么正面的鼓励。美国一项研究表明,中产阶级家庭出身的孩子会听到七句赞扬,一句责备;接受救济家庭的孩子正好相反,要想听到一句表扬,他们就需要遭受八句训诫。你教的许多孩子都是在这样的环境中长大,他们与美国救济家庭相比,除了口音,没什么不同。从出生起,他们就天天被强迫接受自己是无用的事实,对此,学校至少应该成为重新树立孩子信心的避难所。在一个受欢迎的老师的课堂上,孩子们会有完全不同的经历。当他们已经按要求做到了,你要表扬他们;当他们努力去达到你的要求，因为他们的付出，你也要表扬他们；当他们失败了，因为他们有勇气尝试，你更要加倍表扬他们。赞扬他们聪明、努力，让他们知道，你认为他们是与众不同的，拥有独一无二的天赋，孩子们就在你为他们设定的期望中起起落落。让他们相信，在你眼里他们有天才的潜质，并且有一天会梦想成真。给你自己立一条规则：没有孩子一开始就能做得那么好。你给予的慷慨赞扬让你班里的孩子们感觉自己不光是10英尺高的傻大个儿，别的事情也能做得很棒。

你的赞扬要审慎，并且多数溢美之词应该用描述性语言，否则，你会发现你会和我们的副校长的处境一样。5年时间里，每周一早晨都站在讲台上，当他监督的年龄组集合参加纳尔逊·曼德拉、罗莎·帕克斯（黑人运动领袖）等领袖的非宗教教育晨会时，他就向四周不住地大声说："好，很好，非常好，太棒了，做得不错！"一周一次，一年40周，一共5年的时间，直到我们快要从学校毕业的时候，才有个学生突然灵光一现，冒失地向他提问："校长先生，至今有5年时间了，我们一站队，你就说'好，很好，非常好'。确切点，到底是好在哪里啊？"

"嗯，嗯嗯，"尴尬的副校长当着200多个16岁的孩子满脸通红，"我，嗯，我其实也不知道。但是挺好的，不是吗？非常好呢……"

用无意义的花言巧语哄小孩是没用的——你迟早会被发现。也不要对每个行为都过分夸奖，否则，你会发现最终表扬也变成了一种唠叨。如果你要表扬，就要严肃对待。和孩子要有目光的交流，保持这种对视，并且确切描述你认为他做的什么事情特别棒，"威廉，我认为你整堂课的听课技巧都棒极了！你的眼睛一直望着我，你的身体也跟随着我，这让我上课的感觉特别好，我讲课的时候，你一直都能这样做。"

也有种争论认为应该用学生自己的语言去表扬他们。因为我不信宗教，所以在艰难时刻没有可以求助的上帝。通常在我生命中遭遇困难时，总是问自己同一个问题：如果是特里·维纳布尔斯（英国著名球星），他会怎么做？一般特里先生对大多数生活在窘境中的人都能给出答案，并且他对赞扬之词的见解非常独到。

特里这样使用动词词组"做得好"（标准英语为"to do well"，以下为非标准英语）：

I done good.（标准英语为：I did well）

You done good.（标准英语为：You did well）

He done good.（标准英语为：He did well）

We done good.（标准英语为：We did well）

You done good.（标准英语为：You did well）

They done good.（标准英语为：They did well）

But the boy Rooney done magnificent.（标准英语为：But the boy Rooney did magnificently）

特里的动词连接中有几个可以应用在教学上的秘密，特别是在表扬孩子时。足球评论员就从来不用标准的副词修饰，你可以在表扬你的学生时候试试，肯定起作用。不要跟他们说"They have done well"，试着说"You done magnificent there"，看看这样的表扬是不是更让他们感到自豪。用他们父亲的声调和语言吧，这会让他们更加深有感触。

教师不可犯的错误

过去，我曾目睹老师在这方面犯过的一些相当愚蠢的错误。青年是充满吸引力的年龄阶段，但是无论如何不要产生要和十来岁孩子谈恋爱的可笑的想法，这会让人们私下里用阴阳怪气的语调谈论你。不管有没有正当的理由，如果你"不能保持教师的职业距离感"，那么学校要想保持好名声，就必须把恋童癖马上开除，基本上这是最快的解决办法。

在这方面，有时候是学生对老师产生性幻想，注意不要发生这样的事。好在是等你过了一定的年龄，这样的事就会远离你。但是如果你身材好，长得靓，那你很有可能成为炙热目光的焦点。你应该怎样处理这些涉及到性别的问题呢？男老师，可以幽默地享受女学生给予他的这份仰慕，提升良好的自我感觉；女老师，如果遇到这样的事，尤其是面对大男孩，就有威胁了，你必须扑灭这个苗头，出任何岔子都要直接报告给你的分管领导。

总之，对待这类事要非常小心。这并不是说你不要跟他们友好相处，也不是说你喜欢上你的学生就是触犯法律。可能开始你会觉得这个概念有点沉闷，但职业距离感的存在是有道理的，我们的目的是保护所有人，包括学生和老师。

第二章

讲课激情，如何培养

TEACH!

Knowledge and Understanding

让每一个毛孔都散发热情

如果你对所教的课程没有热情，那么你可能更适合留在办公室做行政工作。你本来就认为它是一堆牛粪，却要你滔滔不绝地去赞美它，这对于要坚持40年的职业来说是很困难的。你是不是会崩溃，特别想回到你原本逃离的公关和营销工作了？不管怎样，在教室里，老师的热情是至关重要的。然而，在这方面学科与学科之间是有些差异的。

我隔壁邻居，一个退休的小学老师总喜欢跟我说：小学老师是教孩子，中学老师是教课程。这表面看上去粗糙的格言其实蕴涵着一些道理。如果你想要成为一名伟大的小学老师，那么你的初恋一定是你教的孩子们。作为一个初出茅庐的年轻老师，设想让你一天教13门左右不同的课程，又希望你对每门课程都具备巨大的热情，这未免对你要求太高了。

但是，如果你的目标是做一名伟大的中学老师，你必须对你所教授的任何课程都充满热情。伟大的中学老师的每一个毛孔都要散发对这门课程的激情。

多数情况下，假如一个中学老师教授的这门课程是经过培训的，那他一定会爱上这门课。我就看到过有宗教信仰的信息技术老师为他的课程改变了信仰的立场；热爱火山和板块构造的地理老师，甚至衣着都穿成一副老师的样子，走路也是老师的步伐，迈着八字脚、昂首阔步。当然，你也会在每个教研室发现一些仅仅是外表穿着像模像样、口头上表示热爱工作的装腔作势者。自以为是的英语老师认为，没有什么比得上能去大剧场，如醉如痴地吟诵一段描写鲜花与白马的冗长的散文段落，更让他们感到荣耀的了。

这确实是一种热爱，同时也是一种令人信服的力量。证明这种力量，并把它传递给你的学生，你的学生会欢呼雀跃、热切兴奋地期待你的课堂，用甜蜜的歌声为你歌功颂德：

"啦啦啦，让快乐无拘无束。"

"还要再上某某老师一节物理课。"

我们许多人习惯于对父母和伴侣隐藏自己的情感，如果这种习惯带到课堂，你在时刻提防自己的讲话超出界限，避免学生发现我们热情过头或者太过拘谨，你就要马上摒弃这种想法。首先，13岁的孩子们会认为你这种"放不开"是一种高傲，而这本身就是一种矫揉造作。对多数孩子来说，"老师"和"冷酷"总是出现在同一个句子里，如果后面的那个词汇加上了修饰前缀，那就是用"悲哀的"或"血腥的"这类形容词了。他们会用更容易分解的词汇来描述我们：好、废物、没问题。其次，如果你做教师是为了在13岁孩子的眼中成为"冷酷无情"的化身，那你确实需要远离这个职业了。13岁的孩子一致认为棒球帽是最好看的款式，他们喜欢随意和自由，他们喜欢的"酷"和你装出来的"酷"是不一样的。

所以，只有当你放下所有顾虑、展现真我的时候，你才能形成独特的教学风格。不要让一个13岁的孩子的评判就把你的精力从课堂上转移，拒绝一件事比挑起一件事要容易的多。所以当你上第一堂课的时候就要这样想，你的目标是去激发学生对省略号、代数、加麦兰音乐等终身的热爱。如果你的讲解远远超出了孩子所能理解的范围，他们会立即向你提问，所以放心大胆地去讲吧，不会出什么问题。但是，如果你在课上展现出温顺而相当缺乏自我的状态，很有可能你会让孩子觉得枯燥，以至于调皮捣蛋，把你当成口香糖一样咀嚼一番，再吐出来。

（这里要警告你，表现得太自我也是不行的。你所认为的拜伦式炫耀会变成怪癖，这是我的经验。你可能认为自己在主演一部永不谢幕、重复上演的《死亡诗社》，同样的表演赢得观众雷鸣般的掌声。可是你的学生不会这么想，甚至他们会认为你是个疯子。[①]另外，从来也没有人指出，那部电影里罗宾·威廉姆学校的学生是自杀的，这可不是我们希望的。）

---

① 实际上，让学生认为你是个边缘精神病人，对课堂管理来说也是极其有用的，"可别惹这个老师，他是杀人犯！"

所以，记住，你不应该过分夸大自己，以至于没有学生表现的空间。你应该尝试摆脱孤芳自赏，必须会用"哇啊"为你的学生喝彩——"哇啊，快看，那真是太棒了！不是吗？令人难以置信、太令人惊奇了、完完全全、无法言表的棒啊！"如果你能做到这样，相信课堂会成为你得心应手的操练场。

那么，如何传递这种热情呢？答案其实就在问题里。就算你找到能无止尽地表达热情的方法，也不意味着你能上一堂真正有用的课。

你可能昏昏沉沉地度过周一～周五的早上，或者仿佛世界末日一般，发现自己今天根本开心不起来。但是，老师啊！在整个学年期间，你总应该能让自己"在状态"比"不在状态"的时候多些吧？并且你一定可以在课堂上发现一些小事情，比如学生的回答，或者你讲课的灵感，这些都会最终带领你的学生转向几乎是巴浦洛夫式的态度，那就是：因为你能够展现这门课的神奇之处，所以你的学生也会慢慢跟你一起踏上这条神奇之旅。

教学秘诀
储备完整、丰富的赞美词汇

● 形容词贫乏非常可怕，它会让你无法进入一个引人入胜的圣地。你需要一套完整、丰富的赞美词汇，并要一口气不停夸张地使用在你的学生、作业以及这门课程上。在办公桌的墙面上贴上些形容词"天天向上"等其他词汇来帮助记忆，这样你就不会在描述时只使用"令人惊奇"这个形容词了。否则，孩子们很快会学会用这个词来做恶作剧。也许在你转过身的时候，假装不耐烦地模仿你，叫你"惊奇先生或惊奇小姐"。

消灭自卑的想法

● 你是个表演者，你最大的敌人就是不时从脑子里冒出来的"自我意识"：我这样做是不是像个傻瓜？我刚说过的哪句是对的、哪句是错的？我是不是根本没有资格站在一群聪明绝顶的孩子面前教学？如果这些奇奇怪怪、乱七八糟的想法出现在你脑海里，你先要对自己哈哈大笑，然后一个拳头把这些恶魔打回去。

练习鼓励学生的表情

● 发展一种能持续保持激情的方法。你一定已经掌握了一系列实用的面部表情和肢体语言，并且可以运用自如，不会感觉像参加面试时那些应聘者那样拘束了。这些表情必须传递某种印象，即，你认为你的学生刚刚说过的话和写过的作业非同凡响，而且独一无二，他们可能是这世界上有如此真知灼见的第一人。为此，你应该用类似紧抿胜利之唇，握紧拳头向半空挥舞的方式奖励他。当你和他们目光接触的时候，告诉他们"你太给力了"。在家练习这个动作会很有用，也许可以照着镜子，检查这个动作是不是令人信服，逼真得都能骗过自己。①

勇于承认知识性错误

什么是你最尴尬的时刻？在今年之前，我的答案本来应该是"17岁"。可是这一年真是糟透了，咬着牙，笨拙地摆出社会混混的样子，坐在的士高俱乐部的看台上，看着周日联赛的足球运动员边喝啤酒边朝着库尔帮合唱队的美女大喊"下来，到我这里"。当你把它和你最近的惨状相比，这个尴尬的程度就逊色多了。

虽然教师的职业让你在教育界小有名气，但尴尬时刻也是来自于你的这种身份。有人邀请我在2007年底给《时代周刊》写个新年小杂文，准备做三期的文稿，刊登在《时代周刊》增刊的封面上，他们给的报酬足够我出去大吃一顿，度过一个美好的夜晚了。文稿主题是"回顾学校"，在文章中，我引领着《时代周刊》的读

---

① 最好在喝完三大杯红酒后再这么做。在用这个手势时候，即使没有你原想的那么有魅力也不要苛责自己哦！

者回顾他们的学校生活，要求真切到让他们几乎能闻到学校更衣室的味道。我用了两周的时间来完成，文章完全是小不列颠汤姆贝克的旁白风格，然后寄了出去。我为自己在文章中表现出的过人的智慧、炫目的光环和暗讽我的雇主的能力而自鸣得意，在出版之前，我专门休假一天去四处炫耀我的荣誉。但是显然我让自己成为了史上最尴尬的诳语者。第二天，我的文章被原封不动地呈现给了读者，并附上嘲笑但可能是正确的评论：这是个彻头彻尾的傻瓜，完全不适合做教育界名人。

在语法方面，我犯了好几个没有用介词结尾的错误。不过，"after"不仅仅只能当介词用，有的时候还兼做副词。但是《时代周刊》的读者因此评判我是傻瓜、骗子。现在我在国内的某些领域已经成为知名学者，我应该再也不会被看作分不清副词和介词的白痴英语老师了。

课程确实不难。我们老师中也很少有人是天才，我们也有不懂的时候，当然能完全辱没"教师"称号的人也像外星人一样稀少。也许你从事这个职业是因为自己从高素质的教育中获益，所以你想把知识传承下去。然而，我选择成为老师却是因为与此相悖的原因，我在学校的大部分时间中都感觉枯燥无味，一无所获，但这跟你是否接受过良好的教育没有关系。对你来说，即使做错事情也是学习的绝好机会。在你职业的开始阶段，你可能会犯很多错。放松点，要知道这很好，因为我们都是通过这种方式去学习的。我们不但一直都是通过纠正错误而实现自我成长，而且完美只会让我们沾沾自喜，以至于不能够对孩子的不完美施以适当的同情。

在所有的学校，你会发现对你在黑板上的拼写错误，比如语法错误或词汇错误，孩子们都会毫不留情地当面指出。如果发生这样的事，不要试图抵抗，爽快地承认，"啊，对不起！我今天好笨啊！你们的错挑得真好。"然后把错误纠正，不要去责备挑出你错误的学生。试想一下，假如在你的学生时代，老师在黑板上的拼写错误被你发现了，你会以为自己站在了所有人类知识的塔尖和前沿，你该多骄傲啊！

用勤奋让讲课变得专业

在你从事这个职业之前，关于学科的知识确实与你原来想的大相径庭。你可能原来想，这无非是对你所教的学科知识知道多少的问题，你觉得自信满满，因为你就是专攻这个专业的，而且你读过很多书，你会做电子表格，你知道怎样能做出真正漂亮的实物。然而，这只是说对了一半。在学校做老师，学科知识的传授实际上是有关于你懂不懂如何管理学生。

教学秘诀

熟悉学科的评分标准

尽快让自己熟悉学科的水平测试或评分标准，这是至关重要的。这个可能很难，因为这种标准被定义得如此空泛，以至于你需要相当的水平才能理解。

这是节选自艺术水平测试网站关于表演艺术专业A级学生的描述：

他们能够非常准确地尝试并应用所选艺术形式的技能、方法和技巧，并能构思和设计整个过程。他们做出感性的选择，并用精湛的创造性的方法加以应用，有效地运用所有恰当的构成元素。他们对所研究的艺术作品形成了独创的、富有想象力的理解，他们以恰当、感性、创造性的方式评价、改进和提炼艺术作品，能够顺应现实主义的需要。

你可能对这样的描述一窍不通，然而，尽早、尽可能认真地去对这些古怪、晦涩的文字进行咬文嚼字的研究分析，这对你来说很重要。如果我们分析了上面的文字，那么我们就可以这样去理解它的标准：A级的学生对他们的表演和艺术作品具有某些专业性的想法，并能通过一系列的方法表现出来。在决定以某种形式表现方面，他们有足够的技巧去完成一件优秀的、令人难忘的、可以和成人相媲美的艺术作品。他们对所有基本功熟练掌握，并且已经熟练到可以有意识地打破常规的程度，他们不是浅尝而止，而是进行重新的创作。

跟原先的版本相比，这可能也帮不了你更多，但是它向你展示了你必须怎样研究评分标准的过程。关于所谓的这些标准实际意味着什么，你必须形成一套合理的理解，这样你才能在跟同事讨论某个学生的作品到底该得A还是B时底气十足。

年长的同事可能会委托一个获得教师资格证的新老师帮他们评分，这样可以减轻工作量。能接受这种委托，并且能对如何评分感兴趣，可以看出你已经高人一等，并且有潜力成为一名优秀的老师。如果你在第一年评分得不是很准确也没关系，评分是非常难的，你可以在"最适合"的基础上去评分（如果一个孩子的作业跟C沾点边，也有B的成分，但是跟A靠得更多，那么就可能得A的分数）。这对我来说，一直以来就像在给不值得打A分的学生找借口（在快速发展、以目标驱动的英国教育界这其实司空见惯，大家都是用分数去衡量学生）。

这个方法可以运用到很多地方，无论GCSE的A级，还是NCAT（国家教学大纲达标考试）的初级、中级和高级。你必须对这些考试等级深入了解，然后形成自己的理解。你对这些等级的理解，可以像我理解它们那样进行简化和还原。比如NCAT的写作考试，评分标准就像其他任何领域的考试一样空泛。我把繁琐的文本条目缩减成如下几条：

一级：基本不会。虽然不是白卷，但也强不了多少。

二级：会用句号，但是不太会用问号。

三级：会用逗号，但是有用错的地方。

四级：完全掌握了逗号用法，但是引号用得不好。

五级：完全掌握了逗号和引号的用法。

六级：尝试使用冒号和分号。

七级：冒号和分号用得很棒了。

你需要注意，这里有种固有的理解，就是认为六级肯定能达到五级的所有要求，所以六级的逗号和引号都应该使用正确，并且对冒号和分号的使用也能尝试使用。如果你纠结于到底把学生归到哪个等级，那就再看看你的标准和要求，如果你还是不能做出决定，就去问问年长的老师吧。

当然，学科知识不仅仅是你能否管理好学生以及你对评分标准理解得多好，你还必须知道自己在讲什么，如果你不知所云，那你最好还是刻苦攻读，好好备课吧。

我花大量的时间不断地去听其他老师的课。我会评价他们的课堂，甚至他们的为人。这些年里，我发现了令人震惊的事情：英语老师一辈子都不知道他们教学的重点之一是，要给学生介绍他们未知的事情，信息技术老师不会在电子表格添加函数，音乐老师不会弹奏乐器，唱歌跑调。

音乐老师：我美妙的声音就是乐器！

贝多芬先生：你也许需要考虑用录音机！

如果他们的任课老师是这一领域的专家，孩子们肯定是非常喜欢的，他们也会无话不说。去年，在我代上第九课《无事生非》的时候，我向全班学生道歉，因为我对这篇文章的理解不是很深入。"没关系，老师，"全班一起说，"我们的老师更是什么也不知道。"实际上，他们的老师那时就坐在教室里。那一刻，我想这个老师真像是背负了精神的十字架。接下来的时间，她一边硬着头皮继续听课，一边希望自己最好能马上离开这个地方，或者找个地缝能钻进去。而孩子们是不会感觉到这些的，他们只知道，老师缺乏他们想要学的知识，他们可不会介意老师的自尊及教师职业的神圣。这个教训显而易见：如果你不能比你的学生多会个一招半式，他们可是会弃你不顾，你的自尊也因此受到伤害。几乎你所有的学生，尽管看上去比较叛逆，其实总会对你的教育怀有深深的敬意，但是如果他们感觉你不够这个资格，也会以抨击的方式对待你。

教学秘诀

休养生息，利用假期备课

你可能深深迷恋芭芭拉·卡特兰（这是位一眨眼就能对词组"Yeeuuwch"赋予新意的著名言情小说家），但是，作为一位新教师，你不会再有时间坐在火车上，让自己沉浸在她虚构的浪漫言情小说里了。有效地利用你下班回家的旅程休息休息吧，这样一回到家就会感觉到放松。

利用你作为教师的那几天假期，躺在漆黑的屋子里闭目养神，偶尔爬起来批改作业。对于中学老师来说，这是很好的备课时间，这样你可以尽早地熟悉课程。

有效传递知识，激发学生兴趣

这条规则非常神秘。你是如何做的呢？你是如何保证你的学生对你讲的话感兴趣呢？

讲话简练

回答很简单，你不能完全做到，但是，你可以试着做得更好。首先，讲话简练点，再简练点。新教师会犯的最明显也是最大的错误就是说起来没完没了，直到学生都觉得枯燥，不想继续在教室待下去，或者烦得要死，或者心里想着已经下午4点，是不是可以逃离教室了，或者想着午饭后是不是可以不再回来上课了……为什么？为什么老师就不能住嘴？

如果你不相信这种感觉，你可以自己试试。找一个比你大20岁的人，这人的音乐爱好和衣着都是你厌恶的那种类型，请他来你的屋子，让他读你不感兴趣的东西，或者跟你就不感兴趣的话题谈论很长时间。看看你在对他抖动的裤腿感到恶心之前，能忍受多长时间。然后，设身处地为可怜的学生想想，在他们可以去跑、可以去玩，可以去探索新鲜的、诗情画意的大自然或神奇的科学现象的时候，强迫他们听你滔滔不绝的陈词滥调。虽然他们坐在那里一言不发，但是心里肯定在默念时钟走得快点、再快点吧！几分钟过去了，几小时过去了，感受着他们年轻的生命在一点点衰老。你在学校的时候，不喜欢这样的事情发生在自己身上吧，那也别对孩子们这样做了。

用实际行动充分做好讲课准备

另外，光讲课是特别笨的方法。对新教师而言，行动才是实质性问题。从事教师职业之前，我们接受了英国教育硕士等相关课程，或者参加了"教育优先"项目对毕业生或毕业实习生为期六周的短期培训（英国教育慈善机构"教育优先"，每年会招收大量优秀毕业生，将他们培训成教师）。因为我们认为，无论如何应该让自己做好足够充分的准备，学会去应对各种学生的问题行为。

我这里还有条通用的经验法则，如果能坚持，就会让你课堂上学生的问题行为减到最少，当然不能根除，因为它是客观存在的。但是，如果你整堂课光顾着讲课，这就不仅开启了问题行为的大门，而且在诱导它们突破界限。记住我从别人那里得来的这条经验吧：

"讲课不是教学，教学不仅仅是学习。"

讲课之前，强化学生的兴趣

无论你多么魅力超凡，多么幽默，有多么大的社会成就，只要你是跟孩子交谈，那你只能吸引他大约7分钟时间的注意力。过了7分钟，他们就开始感觉烦躁，走神，开小差（如果你边讲话边在白板上写字，那么这个时间会缩短一倍。在你背过身的那一刻，他们就会开始聊那些憋了很久的跟课堂无关的话题，在你转过脸那一刻，他们又坐得笔直笔直，伪装成听话的样子）。

所以，经验一：如果你想引起他们的兴趣，那就闭嘴。如果你一直站在教室前面，孩子们会冲你喊叫，会打断你，会跟你聊天，以及出现各种问题行为。不要呆站在教室前面了，找另外一种不是读课文的方式去介绍你的课程吧。如果你想要你的学生充满敬畏和好奇，光读课本给他们听是不可能达到这个目的的。

一开始就让他们对这门功课产生兴趣是非常关键的。在孩子们决定是否喜欢这门课或者是否喜欢你之前，每次上课都花几分钟时间去强化这个兴趣。在这几分钟里，你要让他们变得兴趣盎然、生机勃勃。如果你在周五午饭后的两节课之前没有把他们搞定，那么这个漫长黑暗的下午，将是你在管理班级的精神折磨中度过的痛苦不堪的2个小时。

教学秘诀

把图片放在U盘，把U盘挂在钥匙环上

为激发学生的兴趣，让他们更形象地进行思考，你可以用幻灯片给他们放图片。把这些都存在U盘里，这样在需要的时候就能马上拿出来用。建议你把U盘挂在钥匙环上，这是个非常好的主意，这样你就不会在真需要用的时候而把它忘在家里了，或者紧插在电脑的USB接口上。

把学生的健康与安全放在第一位

如果你正在把剪刀或指南针发给孩子们，你应该告诉他们（他们指孩子们，不是剪刀），它们（它们是剪刀，不是孩子们）是很危险的工具，会造成很严重的伤害。可能班里有几个不听话的捣蛋鬼，会把你的警告当成是实践检验真理的暗示，你的警告对他们的行为不起任何作用。于是他们开始用剪刀剪彼此的头发，在张开手指的掩护下，用指南针戳桌子，玩愚蠢的斗鸡游戏，更糟糕的是，他们试图给霍华德做阑尾切除术。如果你想要在课堂上用史丹利刀具（有些艺术课或手工课的课程需要这种工具，所以不可避免），

那可要三思而后行啊！把这些刀具清点仔细，确保你的警告是用最严厉的声音、当面直接传递给他们的。史丹利刀具确实是非常危险的，你不会想为孩子留下一生的疤痕而承担责任吧？

另外，如果你对安排学校郊游积极性很高（这种事很让人讨厌），你要做大量周密的计划，还要写报告申请，换来唯一的好处就是花一整天时间，在完全控制不了的环境里冲孩子们大呼小叫。记住，要远离大片水域！小孩很容易溺水，发生这类事时，不管你多操心，家长都是不可能理解和原谅你的。

在学校郊游的时候，要随身携带你的点名册，每走一段路程都要拿出来点一次名，否则不知什么时候一个孩子就走丢了，也许是故意跑到大厦的夜总会里去了。这样的话，当有一个孩子找不到了（我曾经带过90个孩子，历时一整年的旅行），你会在最快时间内知道，然后打电话通知学校，而不会跌跌撞撞跑回旅店，却突然想不起是哪个孩子丢了，自己该干什么。

除了史丹利刀具和游泳池之外，关于健康和安全的其他说教你都可以置之不理。对于那些喜欢把短语"健康和安全"挂在嘴边的管理层们来讲，这些词汇其实是对他们的贬损和轻蔑。他们甚至没有经历过北安普敦（英国英格兰中部城市）妈妈惦记孩子安全的那种内心的煎熬，所以这些词从他们嘴里溜出的时候，透出的是一种嘲讽的幽默。他们这样做只不过是为了掩盖一个事实：他们只会在这方面略谈几句，因为在其他方面一无所知。"健康与安全"永远都是你的"禁区"，牢记"健康与安全"，你就不会站在桌子上，孩子们就不会站在椅子上，全班学生就不会把椅子堆到教室墙角，假装垒成核战碉堡，然后钻进去。赶紧制止这些行为！否则你简直就太不称职了。

第三章

最优教学方法，如何运用

Methods and Organisation

在这一章里我们关注细节问题，如你在实际教学工作中应该遵循怎样的原则。近些年，教学原则的变化日新月异，我认为是好的，教育局局长或英国教育局可不一定认同。政府推行的某些方法看上去总是以调研为基础，但那些人对课堂实践操作其实一无所知。

现在国家已经认可的教学方法"四步教学法"背后的一些指导原则纯粹就是一派胡言。如果你想要做一个所有学生都喜欢的老师，可千万不要把那些当成教学原则去应用。在此给你一个警告：在过去的十来年里，教学好像已经变成了一种只把循规蹈矩当成唯一衡量标准的职业。也许你所从教的学校就在坚持这样一种苍白无趣的原则，他们要求老师用一系列单调乏味、老一套的、完全一样的自动模式授课，这种模式可称之为毫无用处的温和"专业主义"。在每天早晨照镜子的时候，难道你想看到的就是这样一张苍白的教师面孔吗？有很多时候你需要按要求的去做（也许），但在更多的时候，你要忽略别人给你的指示，那样的话，你会发现新的东西。

做个好老师就是要找到你自己处理事情的方法。如果你坚持保守，或者按照浮夸的教科书去做，那你就会变得和编写课本的人一样平庸。孩子们不想要也不需要这种墨守成规的老师，他们想要、需要也值得拥有卓越杰出的老师。你如果死板、教条，是不会变得优秀而卓越的。

全球第四大广告传媒集团萨奇广告公司有一位富有创意的领导者保罗·雅顿，在他晚年的时候曾接受媒体采访。他认为自己创意的本质不仅仅是通过画面去解决所有的问题，当记者要他对另一位广告创意大师托尼·凯耶的作品给予评价时，保罗说了以下的一番话：

"尽管我不是很赞同托尼，但是因为他的勇气，使他制作了一些相当好的广告作品，这些作品都没有遵循常规。用标准的方法，你是做不出伟大的作品的，根本不可能。如果墨守成规你就能完成传世佳作，那不知道有多少人都能成为大师了。"

我很喜欢这段话。我想，如果能很好地把这个方法运用到教学上，那会使你变成一个真正意义上的好老师。就像雅顿先生说得那样，"运用常规的方法不会创作出伟大的作品"。你必须另辟捷径，寻找一条和别人不同的方法。这方法也不是我的方法，是你自己的独一无二的特别的教学法。这方法必须打破常规，因为常规都是萎靡不振的委员们讨论出来，然后通过一系列仔细的筛选而确定的，这些规矩是那么的不温不火、毫无个性，以至于任何教师都能掌握。

我认为教学是一种艺术表现形式，一种可以与芭蕾舞、舞台剧、音乐相媲美，而又高于它们的艺术，因为它可以并且应该包含其他的表现形式，是所有其他艺术形式的综合体。它是你一直希望掌握，但是自知永远不可能掌握的技能。带着探索的精神，让不可能变成现实吧！当你打破这些艺术形式的边界，将它们融合到教学中时，你会感到无比地兴奋。努力去做个你自己都无法想象的、最好的老师吧！

如果有一位年长有经验的老师想帮助你，那么多听听他们的意见。重视那些从毕业生到校领导都挑不出毛病、聪明的老教师的金玉良言，他们通常能做得面面俱到，但是你也不要言听计从。因为那些穿着廉价西服、暂时坐在领导位置的人，总是想对你指手画脚地展示他们的权威。当你看到他们是在了解情况的前提下，真心想要帮助你的时候，再去采纳他们的建议。

但是不要相信官方或是英国教育局颁布的所谓好的教学法，那些都是限制性、公式化的条条框框，它们可能跟你想要做的那种好老师相去甚远。

在这一章中，我会为你分析那些管理机构用来观察，并用来评定的标准。我会引经据典地剖析这些方法的合理性以及实用性，我将为你呈现已有的观点和理论，然后分析一些你想知道的关于教学法独特性的其他观点。我对此的一些观点，被评论家们描述成"离经背道"，我一直认为这个词汇是用在那些想象力足够丰富的人身上的。给我披上这样一件外衣，我当然是乐得接受，因为我从没有见过比这个更有价值的了。但在这一章中，我也会合理地呈现与此相反的观点，以便让聪明的读者自己权衡，并做出判断。

传统教学法的反思

现在多数教案的形式都是以"课堂导入——教师指导——学生独立思考——学生完成任务"的表格版本。你需要按照要求填写空格，四步教学法的好处是把老师拴在一个框架里。至少从理论上来讲，确保你不会在教案上只写"我就是想在课堂上讲很多很多非常非常有趣的话，就这些"。

广义上说，教育分成两类学校。其中正统的学校运用的就是所谓的"建构主义方法"，多数老师可能都会用这种方法。但是对于这些老师来说，这种方法需要大量的准备工作，很多人都是不可能做到的。构建主义方法有很多值得推荐的理由，它的支持者认为：孩子们通过完成老师布置的任务，可以构建自己对知识的理解，他们所学的知识，会引导孩子获得有趣的发现，而且这些发现都是孩子自己获得，而不是由于老师的灌输。你觉得呢？没错，他们说得对。

然而，构建主义学校看上去存在这样一个问题：只要是以老师站在教室前面讲课为形式的教学法都会沦为某种不道德的自我展示。其间，很容易出现这样的情况：当读到莎士比亚剧本最后部分的时候，孩子们连自己的名字都无法用母语读出来了，如果运用构建主义方法的话，你就得站起来帮助他们，为他们翻译，所以最终还是由教师主导着课堂。

四步教学法看上去是寻求师生活动之间的平衡关系。"引导"，然后是"独立完成"，所有的活动都应该由学生自己来完成，只有在"指导"这一环节，你能给学生做些指导。这样的话，它遵循的就是不成文的规则，那就是在课堂上，跟与老师交流相比，学生应该多花三倍的时间来自己完成任务。结果，你可能自然地得出结论：意图很好，效果不佳。

"香蕉九步教学法"构建趣味课堂

四步教学法被一些积极教师诋毁为赤裸裸的贬职业教学法。以这样一套空洞、简单的公式设计课程绝非难事，任何想要在教师身上节省成本的政府都可能认为，既然教学可以缩减成这么简单的流程，连个傻子都会了，还花钱雇你干嘛？散布末世言论的人对此也曾指出，那些让课堂蒙羞的不称职的教师该下岗了。这不正印证了前面的话吗？教师职业被贬损了。

无论政治议程怎么变化，它都是对现有政府实施学校政策的修补。四步教学法确实存在缺陷，所以想要尽可能做个好老师的会让自己弄清楚：

首先，认可积极教师的观点。这种教学法确实太简单了，无数做良师的精妙技能，怎么可以精简成如此精简的公式呢？相信任何一个有经验的一线教师，都会马上拒绝这种藐视多样性的规则。一个对构建主义教学法真正感兴趣的老师会精心准备一堂14步的课，或者用几周的时间去规划一系列的课程去实施完成。这样的话，孩子们可以一节一节连续进行同样的活动来完成一件大作品。他们会意识到，这真是非常好的做事方式。四步课堂教学法好像没有给孩子这种自由，而只是给孩子们苍白而没有意义的承诺：他们的课堂都达到了课程所需的最低标准，仅此而已。

这里，我们用"香蕉九步教学法"去证明构建一堂课有多么简单，这比四步教学法这一愚蠢的方法要有趣得多。以美国哈佛大学的教育学教授霍华德·加德纳提出的多元智能理论为框架，你可以不费吹灰之力，2分钟就做到了。

1. 语言学：想3个词语去描述香蕉。

2. 数学：我有3个香蕉，吃了1个，还剩几个？

3. 视觉：香蕉看上去像什么？

4. 内心动机：想想香蕉被包在皮里，他们是否真的感到快乐？

5. 人际交往：去找一个人，告诉他或她，你认为香蕉包在皮里是快乐的。

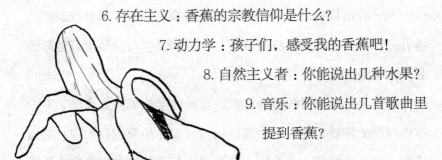

6. 存在主义：香蕉的宗教信仰是什么？

7. 动力学：孩子们，感受我的香蕉吧！

8. 自然主义者：你能说出几种水果？

9. 音乐：你能说出几首歌曲里提到香蕉？

四步教学法教案忽略了每一堂课都会产生的应景话题，如果你在一个有很多淘气包的学校教书，因为要管理课堂纪律，很有可能校长原定的2小时的课堂时间会被缩减掉，四步教学法永远不可能有足够的讲课时间了。大课（两节课）大概会有1小时40分钟，如果你花10分钟时间做导入，再用10分钟时间在教室前面扯两句，快下课的时候，再用10分钟时间检查学生的掌握程度，还有1小时20分钟来完成课堂的主要任务，你想想，这能帮孩子学到什么呢？

快速导入课堂

"导入"发生在课堂的开始阶段：这也是这个阶段名称里含有"导"的原因。

这个阶段减去开始上课时耽误的一些时间，要用10分钟。通常，老师会在课堂前段时间先进行些班级管理工作：收家庭作业，点名字，问问"孩子，你为什么迟到了"等。这就意味着以往的许多课上，在导入开始之前的大段时间里，孩子什么也没学到。孩子们等着自己的名字被喊到的时候回答："到，老师。"或者掏出早晨刚在鹅卵石路上颠簸的公交车里匆匆抄写完的同桌的作业，不管怎么样是把作业交上了，还有没完成作业的孩子们，他们会跟老师耍赖。这意味着许多课堂导入的第一个任务本来应该用10分钟完成，但是现在老师的任务成了重新控制散乱的班级。

教学秘诀

课堂开始之前布置作业，中间点名

在课堂的中间点名，开始时布置作业。你不需要把名字用维多利亚的刻板风格都念出来，你只需环视一下，看看谁在谁不在；一上课就布置家庭作业，把它们写在黑板上，这意味着你不用事后想起来再写，更不会差劲到彻底忘了。

让学生迅速进入课堂角色，安静下来

准备充分的导入阶段不会发生问题。导入应该早在开始前就准备好，孩子一进教室马上开始。人们常认为孩子们坐下之后，马上就能进入上课状态。这些人肯定没有教过踩着上课铃进教室的学生，他们总是踏着迟到的步伐准时到校，想想他们坐下能立刻静下心来吗？准备充分的导入包括认知活动，学生需要马上开始思考。所以，教师要让学生迅速进入课堂角色，安静下来。

音乐导入法

关于导入的另一种观点认为，导入只不过是英国儿童、学校与家庭部的官僚们可怕而又愚蠢的想法，是用来折磨我们这些已经超负荷工作的老师的。不要告诉我如何用那些过时的方法、肤

浅的知识来教学生，而是要重新使用先进的方法和实用的知识来授课。谢天谢地！这样，你才能给学生提供足够的"营养"。

我其实对导入控制得不是很好，对我来说，这是无法突破的挑战。确凿的证据表明，这种政府寻求的、以提高我们"职业标准"为目的的微观管理模式已经失控，它强加在老师身上，愚蠢而又居高临下，已被证明完全无效。对此，我已在《教学》时事通讯的撰稿中有所论述，我想在这里值得再次提及：

当这种思想被第一次提及，老师们的最初反应是真实的：除了我现在要上的课，每天还要我再书写、设计，完成六节新增课程，我哪来的时间啊？回答是"你这个没有骨气的懒人是没有更多时间的"。所以我的建议是：那就别做了。除非有人在监督你，否则别去管四步教学法了，马马虎虎应付一个导入，甚至可以上一堂没有导入的课，不用受到政府的约束，没有人发现，真是太棒了！一个像样的10分钟导入课，需要花费1小时的时间充分准备。那些胆子小、不敢这么做的老师，最后或者是勉强猜出拼字游戏的答案，让孩子们在象牙广场玩了10分钟（这种游戏对获胜者的奖励），或者继续无助地陷落在搜索词汇的痛苦里。

然而，你也许是在一所从教工到学生都盲从的学校里教书，他们把顺从当成教学质量的标准。那么，可怜的你只有保证上好导入课才能免受年长教师的责罚了。

带个小手提录音机去教室，给他们放些音乐，可以是热情奔放、能让他们兴奋的，比如图帕克说唱乐或鲍勃·迪伦的民乐摇滚或迈克·保罗·巴曼、斯巴克斯、西尔韦·宙斯这些当红歌星的歌曲，以及语言有趣的其他任何歌曲，然后让全班同学把听到的歌词记录下来。这不但是一种非常活泼的导入课程方式，而且能让孩子们安静下来，一边培养他们有针对性地聆听的能力，一边让他们沐浴在语言的轻松时刻里，这不就是我们想要的服务学生的完美诠释吗？

做完这个练习，让学生读一读自己记录的歌词，你自己都会发现"语言如何创造词义"是个有趣的论题。

在你整个教师生涯中，人们听一次导入课，就足以了解你的水平，一般很少有人第二次去听你的导入课。如果有人第二次来听你的课，你就不要再讲导入课了。

我写这篇文字已经有好几年时间了。我相信课堂导入活动会被取消的，一定会的，不合理的做法不会永远持续下去。导入课最终会像啦啦队员的迷你裙和蓬松的、20英寸的喇叭裤那样，这些风靡一时的设计现在都被认为是那样的滑稽可笑。

有效地制订学习目标

"老师，为什么我们要这样做？"天哪，我讨厌孩子们这样问。"因为是我说的！别问了，照我说的做。"但是反思一下，那些贫穷的、远离工业化文明的孩子提出这样的问题也不足为奇。这个问题的实质是什么？对我意味着什么？如果他们不知道自己能学到什么东西，那么他们很有可能就不想再好好学习了。对你又意味着什么呢？作为一个老师，在学校的目的是显而易见的：挣钱。但孩子们不是，他们跟学校是有协议的，如果他们出现在这里，不但他们的父母不会被送到法庭，而且你还会教他们有用的东西。这些孩子中的许多人，在上课前就想知道这节课他们要学什么。一些教育专家会告诉你，这些孩子是你重点培养的对象。这意味着，如果他们不能学到他们想学的东西，并且在开始上课时不知道为什么坐在教室里，那么他们就会开小差。所以，在每次上课前我们应该告诉孩子们要学习的内容。

上课前大声与学生分享学习内容

操作步骤包括：确定孩子们这节课需要学习什么，这点比你想象的要难（第四章中详述），把它们写到孩子们能看到的地方，然后用非常大的声音读出来。

如果早晨睡眼蒙胧地来到学校，嘴里一边嚼着口香糖，一边告诫孩子们不要议论你，还要在这种状态下与全班同学分享学习目标，你一定会感到无聊。那一周，你第20次呈现出同样的倦态了，"到这节课下课，你们要学会分析……呃，上帝啊，没人在意吧？"那么今天暂时停止吧，不要继续误人子弟了。让自己保持新鲜感的方法，就是要找到做这件事的乐趣。我发现新老师在与学生分享学习目标时常犯的一个错误就是对这件事感到歉意，而这是老师在整个上课过程中主动做的第一件事，你做这件事的方式奠定了这节课的基调，感到抱歉、害羞或者无聊的情绪会传递给全班同学。将自己置身于教学，意识到你是用全身心在教孩子们，包括你所有的声音、所有的激情，这样，教室的氛围就会开始变得兴奋起来，为接下来的学习做好准备。着重强调学习目标，并用大号大写字体写出来，用力地指点着这些词语，这些都会使你兴奋。伸出你的手臂，用白板笔在动词上画圈；句子读到一半时停下来，提问一个淘气的男孩，让他回答你在哪个词语上做了停顿；运用新闻播报员的技巧，随机选取词语重读，等等，还有很多方法，都可以传递给孩子们一个信号，那就是老师对要上的课一点都不厌烦，对他们也不厌烦。情感是至关重要的，兴奋的老师会塑造出兴奋的班级。

一旦你和孩子们大声分享了学习目标，接下来该检查孩子们是不是知道你将要教的内容了。首先，你问问杰迈玛，这是位前排的聪明孩子。因为聪明，她已经领会了你的意思是让她把黑板上的句子再读给你听，她会无精打采、慢慢吞吞地照做。然后，继续深入到全班。在教室中间找个认真听讲的孩子，问同样的问题。如果他们能够重复杰迈玛的做法，或者攥着小拳头、开动脑筋想出更好的答案，接着，你可以再问教室后排的大个子，如果他也能告诉你今天将学到什么，那就万事大吉了。如果他不能给你满意的答案，也不会有人对此感到意外，本来他就是个不爱学习的孩子，那你就再为他重复一遍吧。他也许不会记住，但至少你努力了。

不要让学生抄录黑板上的学习目标

正如我们所见，课堂导入活动强迫孩子一进教室就进入认知活动状态。如果你按照我的方法来做，那么分享学习目标就应该在导入活动结束后进行。然而，许多老师（特别是那些认为导入活动无用的老师）会让学生把学习目标抄到课本上，从而开始课堂。严格地讲，不应该这样做。抄写黑板上的内容其实不会学到什么，如果你上学时候也曾被要求抄写黑板上大量的内容，就会回忆起那是多么无趣的事情！

事实上，孩子们对抄写黑板的态度是学校好坏的一个有用的信号。如果你要求他们这样做时，他们抱怨，那可以断言，他们从抄写中什么也学不到，结论：这是个好学校。如果你让他们做除了抄写黑板外的其他事情时，他们也抱怨，那你真该走到艾宁顿教育储备署重新找工作了。更甚者，你让孩子抄写黑板，他们竟然义正言辞地跟你叫板，然后你向他们让步，那一刻，你低声喃语："我受不了，这是什么玩意儿？这还让我怎么教？"最后，你可能选择换学校。

我曾经见过一个听课督导和一个学生之间的对话。通常，英国教育局的督导好像总是有超凡能力，他总能精准地发现那个你3个月没批阅他的书的孩子。"他从来不听讲，而且他总是忘带书。不是他！不是他！我花了整个周末的时间，除了他，每个孩子的书我都逐个批阅了。为什么是他？哦，上帝！我真倒霉！"

　　就在这次视察中，督导的超能力，真是名至所归啊！只见他缓缓地走近学习最好、最能说会道、对老师最忠心耿耿的学生。之前，因为德韦恩一直非常优秀，我曾经让他饰演莎士比亚剧本中的麦克白。但是此刻，当督导问他话的时候，他傲慢地撇着嘴。"孩子，学习目标是什么？"

　　"就是老师写在黑板上的，他让我们抄下来，因为他嫌麻烦，不想给我们上导入课了。"德韦恩回答，说完露出极其轻蔑的冷笑，又转过身去构思他的散文了。

　　德韦恩说得有道理，因为我们富有创意的思想不是取之不尽、用之不竭的，如果要再为课程构思出更新的材料，真的很难，所以只好要求学生抄黑板了。尽管在现实中，让孩子们把课程目标和重点词汇抄下来有许多好处，但这不是引导学习的最适宜的方法。这是一种常规方式，任何人都能做到。此外，它还能让学生安安静静地学习。不管怎样，这种方法起了作用，而且简单易行。

有创意地交流学习目标

　　今年，我遇到了一个博学而聪明的女人，给我留下了深刻的印象。在专家组走进豪华大楼坐下来交流之前，我花了几分钟的时间，跟她聊了聊学校的信息技术教育问题。我们的交谈特别激动人心，是自我1974年出生以来最激动的交谈之一，连9点开会的事都忘了。她发现了一件现代教学最荒谬的事，即交流学习目标。

"在上课开始时，我们怎么能知道他们将要学什么？"她抱怨，"这毫无道理。"慢慢地，我开始明白她的意思。如果我们采用构建主义学者的观点，认为如果我们让孩子们去完成一系列围绕课程的任务，他们就能学会自我学习。但是在开始学习之前，怎么可能准确地给孩子的目标下一个定义呢？因为我们只有在课程结束之后，才能知道孩子们学到了什么。因此，当所有人本想在课后问学生："同学们，仅凭兴趣，这节课你们学到了什么？"然后却要在课前告诉孩子们要学什么，这是老师唯我主义的典型表现。也许在陈述学习目标时，应该加上这样的告诫，"这节课我打算教你们这个，这个和那个……但是你们也可能会学到完全不同的东西，哦，不，你们到底学什么，我一点头绪没有。"

我听说有个老师一直把"隐藏的第三目标"写在黑板上，然后在快下课的时候，让孩子们猜这个目标是什么，这种方法好像在"要求你做什么"和"你想要做什么"之间找到了令人满意的折中的方式。在前面先写出两个学习目标，这样可以确保老师自己不会被领导批评，第三个目标是让孩子们在下课时自己去发现的。我们可能会得到完全意想不到的结果，这使一个事实得到了幸存，那就是学习是探索的过程。

还有一个事实，那就是即使在黑板上写出学习目标，也不是单调乏味、完全公式化地去破坏学习过程的神秘性，它向我们揭示了教师艺术并不是一套连蠢驴都会完成的单调步骤。另外，杰夫·佩蒂在著作《今日教学——关键指南》中进行了一项非常有用的实验，他选取了几个不同的对照组，系统地删除了一个时间段中对课程的不同影响因素，从而来观察课堂中的哪些因素对孩子最优化学习起到关键性作用。他们发现在所有因素中，真正起作用的是实践过程和复习。上课开始时的学习目标的交流，对于孩子们的学习没有什么影响。

然而，交流学习目标是当前正统教学流派所推崇的，你根本没有机会和英国教育局的督导们讨论这一观点是否有根据。他们只是坐在教室后排，在"极差"、"一般"、"良好"、"优秀"的框框里画对勾，他们也不会将匆忙中得出的结论告诉你。所以我建议你，从现在起还是依靠兴趣和精力，去完成交流学习目标这个步骤吧！根本不用单调的、低级、简单的方式，你可以在这个过程中构思新的创意，找到更好的方法，当然这需要你有勇气从不同的角度去尝试。

你在上课时会重提学习目标吗

真正的好老师会这样做。这是个相当简单的技巧，但是有时候要想起来去实践，还是挺困难的。你如果想要更加与众不同，那你可以在上课时下意识地运用一下这个技巧，你一定能做得很棒！这技巧太简单了，课上到一半时候，停下来问全班同学，今天他们学了什么？他们会回答："什么也没学，你给我们布置的活动看上去跟学习目标一点联系也没有！"你不用多说什么，只需轻轻拍拍那几个回答问题孩子的头，然后接着上课。

你还可以潜移默化地运用这种技巧，那就是在快下课和上课中间，规划两次全班讨论。这种方法很快会将你标榜为具有潜力的技能型教师，这样的老师就是组织课堂的天才，他甚至能每10分钟就组织全班做个迷你讨论，还能开创性地将课从后往前讲：一上课就问他们这节课要学什么，再给他们布置些独立完成的作业，然后教他们怎么做，教完再问他们学会了什么。试试吧！它操作起来可能比四步教学法更有趣！因为这是按照你的步骤来的。你能更加了解到底是哪步起作用，孩子们可能会度过一段更加有趣的时光。

每堂课都让学生学习有用的重点词汇

每次上课都给孩子们布置一组重点词汇，让每一天都过得更有意义。很多学校没有将这个活动纳入教学计划，这让我觉得不可思议，但是这个应该要有。与其鼓捣教学改革新思路，还不如每堂课让孩子多学习些有用的词汇，这才是我们真正应该做的。向孩子们介绍高级语言，你其实就是将更复杂、更深刻的思想传递给他们。除此以外，你也在教他们如何用正式的语言进行交谈，教孩子学会运用语言这一武器，去与压迫者们进行斗争，从而改变世界。

所以，在我对学习目标的作用和必要性感到茫然的时候，我就会找出五六个新概念，并用具体的词语进行修饰，再用生动的方式将它们演绎出来，我把这个当成了从道德上对学生负责的方式以及激励我上课的动力。

在黑板上，将重点词汇写在学习目标右边的空白处

如果你使用普通的黑板，那么在开始上课时，把学习目标写在黑板的主要位置是很有用处的，但要留出右边的空栏记录重点词汇。如果你使用的是幻灯片（你熬夜做出的PPT）来交流学习目标，那么你就把这些重点词汇打在第二页，留下第一页用来详细记录学习目标。等孩子们记下来（这不仅仅是抄写，而是要他们把你教的所有新词汇都记录到课本上），你就可以展示关于词汇定义的生动的幻灯片了。

在这一环节，老师可能会有两种不妥的做法，他们或是把词汇表设计得太简单，以至于所有学生都已经认识，或是把词汇表挂到墙上，然后就再也不管了。

对于第一种情况，记住，孩子们可能比你预期的水平高（或者低）。如果你给他们复杂的词汇表去解释有趣的科学概念，那么无论是词汇还是科学概念，他们都能熟练掌握。比如，今年我在一个叫格林的新老师的课堂上见证了这一事实。高中9年级理科班在讨论中使用了连我都不知道的词汇，听课时，我坐在一个学生旁边，他给我详细地解释了正电子放射层扫描术是如何工作的，却没有意识到我对此一窍不通。格林女士能引导学生将这样高级的语言运用自如，她真是个好老师。

挑选学科性强的专业词汇

如果你挑出一堆只能显示某种智力的毫无用处的词汇，那你会让整个教室的学生都变得弱智。重点词汇应该是高级的、学科性强的专业性词汇，这些词也许在其他课上学不到，除非你在跨相关学科的示范课上有机会和专业人士交流。比如，如果你是科学老师，就应该把"扩散"作为重点词汇，如果挑"水桶"，就会引来一片哗然了；一个英语老师应该认为"同音异义"是有用的词汇，而"书"就太草率简单了；数学老师会发现"分子"值得思考，去讨论"量角器"一词就是浪费大家的时间和精力了。

挑选词汇容易犯的第二种错误，就是完全敷衍地去做这件事。在你研究的相关学科里找些特别有趣、高级、概念性强的词汇，并不会花你太多时间。但是很多老师把它当成负担，"真麻烦，我已经想了往黑板上写什么板书了，还要我想什么？"他们把词汇写在黑板上，然后……然后就什么也不管了，他们甚至都懒得给这些词汇下个定义。

设计场景让学生思考词汇的定义

当你和孩子们交流完学习目标，应该马上学习重点词汇，因为导向的驱动力还在，这时候效果是最好的。这些词汇仅仅是概念的符号，就像挖掘一个大宝藏，如果你用有趣的方式去定义它们，会带给你意想不到的惊喜。定义的方法非常关键，这也是体现你创造力的地方，一定要找到最适合自己的方式。也许你正冥思苦想该怎么做，给你出些主意吧，这里有一些我所教的学科里常见的重点词汇，我来介绍一下我给它们下定义时所运用的手法。

感同身受法

我会坐在一个孩子旁边的椅子上，他一直面对着全班而坐，然后我假装打他的腿（上课前他已经同意我这么做，如果他表露出犹豫的神情，那你要搪塞回去，就说他这样做是向老师显示他的勇敢和对教育的热情），每打他一下，他都按预先说好的"啊"喊一声。我即兴假装表现出同情，"比特先生当着你同学的面，在班里打你了！感觉一定很糟糕吧？"换种说法，我们继续这个动作，"比特先生当着你同学的面，在班里打你了！那混蛋对我也这样，我恨他，我讨厌他这样对我，我完全知道你现在的感受！"然后，我问同学这两个场景有什么区别。

对比法

请一个学生站在教室前面，然后叫另一个学生说说他会注意到这个学生的什么地方。答案平淡无奇得可笑："他个子高"、"他两个手放在裤兜里"、"他长得黑"，再叫一个长得既不高也不黑，也不爱把手放兜里的学生站在一起，这回问同学们这两个学生的区别是什么，或者问是否可以发现他们两个某些惊人的相似点。突然，答案就变得更加具有洞察力了："呃，卢·安没有把她的手放进口袋里，这说明她也许比塞德里克更放松些"，"她直直地盯着我们看，而他的头是有点低下，显然她表现得更自信"，"尽管事实上，他们两个身材、性别、种族都不一样，但他们都是一个学校的同学"。向孩子们解释，这样把两个事物放在一起比较效果的过程就叫做对比，通过运用对比的方法，诗人能让我们对事物产生新的启发，就像我们让塞德里克站在卢·安旁边，发现了他新的细节一样。

打拍子法

让全班同学用手指敲击4/4拍子（他们的速度可能会快，你必须多做几次示范，直到他们能正确地击打出这个拍子）。然后把全班同学分开，让其中一半击打拍子，让另一半写出一个句子来描述他们听到的声音。对他们写出来的不标准的定义，全班同学哄堂大笑，直到有个孩子说出一个词"重复"，答案才靠谱（实际上，这样做是为了向你说明教重点词汇是怎样一个有用的过程，不是直接告诉孩子们定义是什么，而是让你设计一个能让孩子们置身其中的场景，从而通过探索性思考自己找到答案。一旦有学生想出这个词的定义，并得到你的表扬，那么我们就将这个词的定义记录下来）。

如果把这些高级词汇一股脑儿塞给学生，可能会出现这样的问题：如果不能马上应用，他们会很快忘记这些曾经记住的词汇，这时候就该好好计划一下了。当你进入到课程的独立完成阶段（真正运用新知识解决问题）的时候，一定要确定你设计的活动能让孩子们运用到刚学会的新词语。你可以给他们布置一篇10分钟小短文，要求短文里准确运用你刚介绍的所有词汇，也可以让他们用画动物的方式，表现出这几个重点词汇，还可以让他们表演一个场景，把重点词汇表演出来。不管是哪一种形式，它都不会是一张干巴巴的表格。在此重申，布置作业是展示你创造力的地方，也是你的兴趣所致。你越具有创造力，你布置作业的表现形式就越与众不同，所有的人就越会感到开心。但是请相信，如果你没有给孩子机会去应用这些新知识，那么他们可能还没下课离开教室就忘得一干二净。

带着教学目的控制课堂步调

步调，对于课堂来说具有无法言喻的重要性，也是个令人困惑的概念。首先，我们会认为，如果我们四肢的动作快一些，就会由教师主导以快节奏来带动课堂、传递知识，而我们的评估者会以我们在课堂投入的纯量化工作来给你在"步调"一栏打勾。事实上却完全相反，你的工作看上去越辛苦，你的课堂会变得越拖沓。

预先安排好课堂活动的时间，并检查进度

为了让人们看到你工作有多么辛苦，你以每小时100万英里的时速运转，你走过每个学生的书桌，拼命地帮助他们完成作业，

不管人家需要还是不需要，可你这样做其实是毁了课堂的步调。此处的关键词应该是"有目的"。"有目的"绝不意味着狂热，干什么都跟发高烧似的。它是一种平静得多的，甚至有点镇定的做事方式。预先安排好课堂每个活动的时间，并检查时间进度。这样做有效果吗？你可能对这种方式半信半疑，让我来示范一下。在布置任务的时候，你要先确定时间要求，"好了，这项活动我给你们10分钟的时间，不能多也不能少，可以开始了……"如果这个时候你用拍手的动作表示开始，可以很好地对学生强调这个时间的紧迫性。当活动进行到5分钟时，你要对时间进度进行检查，"这个活动还剩一半的时间了！"最好在时间过了2分钟、1分钟的时候再次提示学生。检查时间进度能够帮助学生了解他们应该进行到活动的哪个部分，至少也能对督促孩子们诚实地完成任务起到一定的作用。

管理好课堂活动过渡环节

快速活跃的课堂具有以下辨认特征：因为很好地确定了时间表，从开始上课就没有停滞时间，老师敏锐地管理好了课堂过渡环节，尤其是学生需要完成几个不同的活动时。通过运用这个令人称道的规则，你发现你有时间给全班准备更多的课堂活动（或者当活动推进时，快速记录时间），上课的步调变得更快了。因为每堂课的不同活动安排都需要大量的相关准备，这可能会让你从教的头几年工作得非常辛苦。你需要不断地想出新的创意、不断地制作新的课件，却又发现创意和备课课件实际上都起不到什么作用。课堂变得一团糟，学生们冲你大喊大叫，似乎一点也看不到你为备课付出的艰辛。虽然这些付出没有奏效，但是，你要记住，一旦你能熟练地运用计算机课件应用程序，你做出的教学资料就可以一劳永逸了。第二年可以用，以后也可以用，一直能用到2050年，直到你退休。

设计自己的课堂活动"百宝箱"

从长远看，你在从教第一年花点时间多备备课还是非常值得的。大量的课堂活动意味着有更多的机会让孩子参与课堂，如果一个不奏效，你总是能像魔术师那样，从"袖筒"里再变出一个令人惊奇和兴奋的课堂活动方案。在准备非常充分的课堂上，当你从"百宝箱"里掏出第五个甚至第六个紧凑而吸引人的小活动时，你能目睹孩子们那天真的小脸上，闪现出让人欣慰的敬畏和惊奇的神情。如果孩子们看上去对活动无动于衷，或者完成活动的时间比你计划得要快得多，那么你赶紧到你的工具箱里再取出一个活动安排，这样你的课堂永远不会彻底"爆胎"。而且，计划周密的话，你不会让自己陷入像这样一个教师噩梦的终点：在一个刮风的午后，你在躁动不安的教室前面备受煎熬，因为你没有给孩子们做好充分的课堂安排，你心烦意乱地踱来踱去，绝望地盼望着时间能不能过得快一点，当意识到你还有半个小时的时间，你真是黔驴技穷了，只能跟他们扯些他们不感兴趣的事。这种情景真是糟糕，你会发现好几次你都深陷此境。如果你事前准备过一些小活动，就不会像现在这个样子。最终，你会从中汲取教训的。

用视觉教具和演示激发学生兴趣

我去年观察过一个波兰数学老师的课堂，她用彩纸裁出一串各种各样的形状，有三角形、菱形，甚至梯形，把它们缠成一个大球，足足有九英尺。她半蹲在讲台后面，这样孩子们看不见她，也看不见她裁的那些形状。直到合适的时机，她才慢慢地从隐蔽的地方把这些形状展示出来。孩子们看到后，会惊喜地喊叫："哦，我们一直以为是圆形，其实是由巧妙隐藏的半圆形变来的，我们都被捉弄了。"于是大家忍不住哄堂大笑。当我们发现矩形其实是椭圆形时，又尖叫了。忍住别笑……

对我来说，这就是教学。调侃现实，充满惊喜，保持神秘，变化莫测。猜想与判断同行，学习与娱乐共存。

哈里斯技巧：调动学生的求知欲

这个波兰数学教师运用的技巧，无论在校内校外，我使用起来的效果都一直很好，它被称为罗尔夫·哈里斯技巧。罗尔夫是当之无愧的教育泰斗，他用白板笔或彩笔创造伟大作品的时候，会在精心策划好的巧妙时机转向对他充满敬畏的观众，用澳大利亚口音愉快地提问："你能猜出这是什么吗？"听到几个完全错误的回答之后，他会转过身，一边在画布上描出更多的线条，一边气喘吁吁地模仿迪吉里杜管（澳大利亚土著使用的一种乐器）。这就是哈里斯技巧，它在孩子们走进教室、刚上课的时候，使用起来效果最好。

你手里拿一大块糖纸，站在教室前面，把糖纸慢慢地剪成秃鹰、风筝，或河迹湖的形状。每剪完两个，就停下来问问孩子们："你们能猜出这是什么吗？"这是瞬间吸引全班同学注意力和兴趣的一个有效的方法。如果再配以一些恰当的提问技巧，就能马上引发孩子们动脑思考。在开始讲授麦克白（莎士比亚的一部悲剧）剧本的某个章节时，我拿了一大张漆黑的糖纸，一边剪一个大锅的形状，一边问孩子们："你们能猜出这是什么吗？"当然，在游戏开始阶段，它无论如何是看不出来像一口大锅的，又剪了几下，看上去好像在剪一条鱼。当孩子们以为猜出了答案，他们大声喊："老师，是鱼，不像别的，就是鳕鱼！"我会用他们的答案作为跳板，引出一系列的比较。

"请比较一下鱼和麦克白。"

"老师，他们都是湿的，他经常被他老婆欺负。"冒出一个有趣的答案。

"老师，鱼有记忆吗？"另一个学生问道。

"什么？"

"哦，鱼的记忆力不是很好。"

"什么？你意思是他们遭受了创伤的童年时代？"

"不，老师"，他又自己改变了立场，"鱼会很快忘记，麦克白也是。他向她发誓要杀了邓肯，但几个小时后就忘记了他的承诺，他的记忆力很短暂。"

"请比较一下麦克白夫人和鱼。"

"无情。"有人喊出来。

"都是长鳞片的，劣等的。"涌出一个超现实主义答案。

"都陷入沼泽，瞎了眼了。"德韦恩·比伯力说话了，这是他第一次主动发言。

"你们能猜出现在它变成什么了吗？"

"断了的头。"

"请比较一下班柯和断了的头。"（冲昏了头的麦克白，在夫人的协助下弑君篡位，迫使王储马尔康逃至英格兰，并杀了可能竞争王位的好友班柯，实现了女巫的预言。）

"老师，他们是不一样的。他的头没有掉下来，他只是有30道裂缝。"罗德说。

"但是他曾经身负重伤，你可以说就像是头从身上砍掉一样。"安托尼赞同地分析道。

"身体还意味着什么？"30个喉咙发出的声音一起问道，"什么呢？"

老师继续剪，继续问……

你也可以通过白板来运用哈里斯技巧，教室里放些五颜六色的白板记号笔是很有用的。首先，你要确定你擅长运用色彩以及各种绘画技法，然后，你就可以在描绘一幅精美的、色彩丰富的乌拉尔山或者罗马狂欢的神圣壁画时，使用哈里斯技巧了（当然，这需要你的教室里有一个白板，很多老师发现自己被愚蠢的互动式无声板完全边缘化或完全替代了。这样好吗，中央政府？数不清的英镑花出去了，每个教室都安装了一套数据包，但课堂的天性却被毁掉了）。①

课程指导技巧里面当然应该有一些调动孩子兴趣的视觉手段了。你在运用这一技巧时，不但希望通过精彩的展示让孩子们对你产生敬畏，还有一个目的，就是调动孩子们的求知欲。在你学习这种技巧时，要对"图片胜过千言万语"这一理念的真实性有成熟的理解，并将其定格为指导性基调。

爱把头发整得像芭比男朋友一样又硬又挺的美国人写过一些书，比如《如何成为伟大的公众演说家》、《赢得公众》、《如何制作有趣的PPT》等，这些书传递了同一个理念，即如果你在屏幕上打出一些字，然后用很慢的速度读给你的观众听，那么你的观众很快就会哈欠连天。但是，如果你在屏幕上贴出一个图片，并请观众对图片进行思考，那么他们就会被吸引、产生兴趣，从而被调动起积极性来。

教室里使用多媒体软件，并不意味着你要放弃更多把图像带入教室的其他方法。裁剪出周日增刊上的图片，把它们贴在墙上，

---

① 在你开始教书的头两周，每次从校门口走到教室，嘴里都默念这样的话，"我可不用粉笔在哑巴黑板上写字"，如果你真这么干，那就是大错特错了，而且你会永远记住自己有多蠢，因为粉笔是永远不会离开哑巴黑板的，倒是你会羞愧地离开这个学校。

并编号，然后让孩子们按编号的顺序在教室里寻宝。每找到一个图片要报告给你，你就给他们一件特别的东西。在PPT上打出一系列的文字的定稿，用蓝色粘胶贴在墙上，让孩子们重新排列组成一个含义。买个花盆，里面填上土，把写有文字的规则或图片插到里面，让孩子们重新排列组成一个含义。如果你是一个科学家，就可以用煤气喷灯和镁元素来让孩子们玩酷。把大自然带到教室中来，树叶可以用来做什么呢？你是不是能用时尚达人的Party游戏——绕口令来展示你教的内容呢？（一般来说，真是可以做到的。）这时候你要是能同时使用弹跳球，那一定会更精彩！为什么不用呢？你是不是有办法用纸裁出代表生命历程的脚印，然后让孩子们把脚按顺序放在上面，以此来诠释生命的感悟呢？

问题是你必须不断寻找不同的小道具，并且不得不在道具和学科之间，想办法建立千丝万缕的联系。你的创造力就体现在事物之间寻找到联系，然后把道具模型演示给孩子们看。我用牛仔来演示形容词的使用，用绕口令来演示拼字测试，用一套裸体的、不分性别的动作小人来模拟句子的构成。这些也许不是一个内向的老师一下子就能做到的，但这个可以是你努力的方向，设定一个你认为可以达到的目标，这会让你的班级大受裨益，他们会带着永不厌烦的期待进入你的课堂。如果做到这些，亲爱的读者，你的课堂就成功了一半。

教学秘诀

运用色彩丰富的板书技巧

在开始上课的时候，用哈里斯技巧激发敬畏、猜想和求知欲。

运用色彩丰富的板书技巧。

课堂提问和讨论的教学法

乍一看，这是所有教师技巧里最简单的也是被用得最多的一种教学法，而实际上你以后又必须要使用，技巧也最复杂。教师主导的讨论是一连串的乱石浅滩，如果你一直不能成功地跨越，那你的教师生涯也许就此搁浅了。遗憾地说，组织一次成功的课堂讨论是很具有挑战性的。如果你想通过自己摸索来掌握这个技巧，那无疑这将是一条漫长崎岖的坎坷之路。

在黑板上，写下讨论目标

首先，不要想当然地认为它易如反掌就贸然进入。想要胜利，你就必须严格操作。关键要按照6条法则，逐字逐句地严格遵守，一次只让一个人发言（回顾第一章的相关内容）。在教师主导的讨论开始之前，你必须严格地设定讨论目标。没有这些条框的硬性限定，讨论不会顺利进行，你会发现孩子们不但偏离了与他人分享见解的方向，而且会彻底地吵翻了天。所以，你要坚持把这些目标先写下来，学生们会只看着你在黑板上写，不用笔去记录。你要给他们留一点时间，让讨论目标在他们脑子里留下印象，然后再抛出问题。

提出开放式问题

请注意一个事实，那就是某些问题会相对更好回答。开放式问题要求孩子们驰骋在探索性思维里（这是好事），并且要清楚地阐述这些思想（也很好，培养口语能力，这会让他们变得更有修养）。封闭式问题一般一个词就说清楚了（这个不太好）。

因此，"……如何？"一般是开始话题的好方法；"……是什么？"就不好了；"为什么？"总是很棒的；相反，"哪里？"对老师就没啥可说的；"做过吗？""做了吗？"都是没水平的问题，因为它们用"是"或"不是"就可以简单回答了。

"这个达到我们的预期了吗？"

"是！"

"呃，好的，那么你们喜欢这样的方式吗？"

"是！"

"你们希望再做一遍吗？"

"不！"

"哦，真烦人！"

运用赞美技巧，抛出另一个问题

要组织好一个教师主导的讨论也是需要运用机敏的头脑的。
开始先要问一个不至于让大家哑口无言的简单问题，学生不用思
考，一个字就能回答。接着应用"赞美与构建"技巧，这里的关键是，
你要全神贯注地聆听学生们讨论的内容。当他们发言的时候，挑
出值得表扬的事情，可以夸他们真知灼见，也可以赞他们伶牙俐齿。
他们话音刚落，你就要直奔表扬的主题，并用描述性的赞许："你
刚才说的……我特别喜欢"，然后对刚才的答案给予进一步的建议。
根据他们的观点，再及时地抛出另一个问题："但是为什么马克这
么说呢？他说得非常对，但是只对了一半。"

以教师主导的讨论需注意的问题

有时候尽管你真的对孩子们的想法感兴趣，但当你专心地寻
找他们话语里值得表扬的地方时，听着听着，你走神了，忘了自
己在干什么，开始思考完全不相干的另一件事。这个孩子可能开
始就北部海域的鱼类为什么数量更少展开广博的探讨了，而你的
思绪却突然飘到了伊比沙的太阳浴，想象着自己正被漂亮的当地
姑娘服侍着。这样的事发生了，你的处境该有多尴尬啊！之前，
你已经在孩子们心中树立了良好的形象，让他们对你产生了肯定
的评价，但是这次糗大了，现在所有的眼睛都看着你，你却根本
不知道该说什么。遇到这样的情况时，聪明的办法是重复你还能

记住的那个孩子说过的话，口气就像是肯定他们说的话确实有道理一样。

你组织讨论课的方式，让你有足够的机会在学生面前树立威信，但是也很有可能让他们感到内心深深的不安，比如打击了他们初生牛犊的自尊心，给他们袒露内心思想的跃跃欲试泼去了一瓢冷水。我曾经在哪里读到过，说在一天的工作时间中，每个人平均有6个社会互动机会，但是老师和普通人群不同，他们有大约2000个。因此，在从教的头几周，你回到家会感觉像被钉了十字架。尽管是社会动物，但人类也不是那么社会化！当你的爱人、伙伴、朋友、配偶，或其他任何人想要和你交流的时候，你却一句话也不想多说了，因为你的话已经在学校里说尽了。但是，对此稍作思考又会意识到，你的工作不但每天给你2000个机会让你改善孩子的命运，也有2000个让你把事情完全变糟的可能性，比如强迫压制等。所以在教师主导的讨论中，对下列事情要小心为甚。

永远不要纠正学生说话的方式

你必须对这条熟记于心，它应该成为你核心价值理念的一部分。一个孩子说话的方式意味着他的身份，是他文化的继承，代表他家庭说话的方式。我们因此将他定义为某某，即他是谁，一个与众不同的人。

跟白人孩子交谈，他们总是违反语感，特别是工人阶级的孩子。他们敏感地意识到自己被当做"不如人"的人，他们对那些该死的歧视已经忍受了很多年，他们被告知讲话的方式不正确、他们的文化让人讨厌甚至他们家人和他们父亲的工作是低贱的，等等。如果你纠正他们讲话的方式，他们会恨你，他们会冷冷地、用愤怒的眼睛目不转睛地盯着一个地方。这个时候，你不能责怪他们。

不要忽略孩子

在学校社会独特的人类学中，忽略孩子真是个不恰当的罪名，有时候一不小心就发现自己这样做了。当你提出一个问题，这问题问得那么绝妙，简直可以装裱起来，挂在博物馆供人欣赏了，它闪耀着"开放式的典范"的光芒，这问题让班里每个孩子都举起了小手，争相要酣畅淋漓地表现自己。你不能让所有的孩子都回答这个问题，只能选几个孩子发言，不然，你的课上到第二天都停不了。所以你是这样做的：

首先，你是不会叫那些调皮、不遵守纪律的孩子回答这个问题的，尽管他们此时不会这样做，但是好像他们已经败坏了自己的名声，他们不配得到回答这种问题的关注。于是，你瞄准了平时很少回答问题的那些孩子，无论他们怎么回答，你都会给予肯定和赞许，这样会给他们自信，以后会积极主动地回答更多的问题。

但是你必须确定，除非"房子着火"了，否则你不应该忽视班里的任何一个孩子；用近乎超人的方法飞过一个交流的眼神、微微点头、轻轻以45度抬起食指或手掌向外抬起一只手，总之你要照顾到每一个举起的小手。如果顾及不到，那你就是忽视了孩子们主动发言的积极性。对有些孩子来说，他们就会彻底否定教育。主动发言真的是难等可贵，你应该感谢他们，你自己、你的同事都应该奖励这种行为。

忽略或无视这样的孩子，他们就会产生放弃的情绪。一旦一个孩子彻底放弃了教育，流氓、劫车、反社会、谋杀无辜家庭的可能性就会大大增加。

"你、你和你"的点名策略

还有一个有效的方法可以让过度兴奋的班级镇静下来，就是让班里所有喧闹的孩子都能被点到的"你、你和你"策略。当讨论该停止了，而孩子们还是要争相发言，或者你需要重新控制过度活跃的班级的时候，就需要进入娱乐节目主持人的模式，用你最优雅淡定的贵族式腔调说："我会让安托尼、詹姆斯和萨曼莎来发言。"边说边抬起手指，45度向他们坐着的地方示意。接着说："接下来，我们必须继续进行，其他每个人我都要听到你们的发言，但是我希望你们把手都放下来。"这样你就重新控制了整个班级，孩子们安静下来，你可以按计划继续上课。

在很多方面，组织课堂讨论都像一档娱乐节目主持人的工作，在一些学校，你的客户群跟《杰瑞米·凯尔脱口秀》（英国很火的一档脱口秀电视节目）的观众非常相似，里面都有明显的表演元素。这时候你必须全身心地融入，手势的技能要非常熟练。也许你对夸张的表演技巧避而远之，但是，如果你手势运用得巧妙而且到位，并且你还能跟学生一直用眼神进行真诚的交流，那么就会发现这种表演技巧还是非常奏效的。在家彩排一下，可能会让你觉得自己就像个彻头彻尾的傻瓜，特别是你在彩排的时候被别人发现，但这真的会帮助你更加自然地掌握这些手势。其他演员的舞台动作都是要经过彩排的，那为什么老师就要不一样呢？我都教了这么多年书了，还是被太太看到我坐在椅子上栩栩如生地练习胳膊的动作，这是我在不得不给时尚人士或特别挑剔的学生讲课时必须用到的动作。我们没有必要因为被看到就觉得尴尬，我并不觉得自己是在做什么见不得人的事，我太太支持我的彩排，她认为这跟她把培根肉放到孩子们的三明治里一样，是我工作中重要的一部分。

教师是"裁判"，不应直接告诉答案

在教师主导的讨论课上，你不应该直接告诉孩子们该怎样做，这条也是很有用的。你不是橄榄球队里争抢球的队员，而是比赛的裁判。你可以抛给他们一个信息推进讨论，但是当有孩子问你问题的时候，你最好这样回答他："哦，你（重音）是怎么想的呢？"这种教育思想来源于希腊词汇"诱导"而不是"强塞"。在你组织讨论的时候，把杰夫·佩蒂的"没有说教"的教学理念牢记心头，它是一条非常有用的规则。

学生必须举手回答问题

在讨论期间，任何发言的孩子都要举手示意，这是你必须坚持的原则。如果有孩子没有经过老师许可就喊出自己的观点，那你不要去理他。虽然没有处罚他，但你可以禁止他参加你的课堂讨论。

这种坚持会使得全班同学都觉得回到了穿喇叭裤、涡纹衬衫的那个受束缚的时代。你会感觉无论你教的学生有多大，你都把他们当作婴儿那样庇护着，你会因此遭到强烈的反对。然而，如果你不这样坚持，而是尝试让讨论进行得更自由、更"爵士"（放纵、热烈），那么局面马上就会失控，尤其是年龄更小的班级。轮流是人类要学习的一种很重要的技巧，如果我们不知道什么时候才轮到我们讲话，我们是不能有效地或高效地与人进行交流的。所以，有人认为，让孩子们每天学习遵守规矩是很重要的。

在我们国家，往教室墙上钉东西的传统已经被遗忘。还记得学校或教室里折角的压膜彩图吗？就在彩图顶端的某个位置有这样一句话："一次只能一个人发言。"不执行这条准则，你的讨论课肯定会闹翻天。作为老师，你能聪明到同时参与三组对话吗？肯定不行。有个技巧在这种情况下可能奏效，那就是提出"尊重"的概念，同时表扬学生。如果杰迈玛的句子说到一半，马克斯韦尔忘记了他该有的方式和讲话的时间，不礼貌地打断了杰迈玛的话，那么我们应该让他们停止，平静地指出杰迈玛说了一半的话是很恰当的，然后重复她刚说的那部分，以便于让她想起来自己是在哪里被打断的，再告诉马克斯，他这样做是没有给予杰迈玛应有的尊重。跟有些孩子提"尊重"一词好像有种魔法效应，这个词说出来有些伤感和脆弱的意味，那些常把它挂在嘴边的道貌岸然者，其实并不懂得如何尊重劳动人民，但这应该是草根文化的一部分。你告诉马克斯必须尊重别人，用他可以理解的方式让他知道，他已经打破了参与语言游戏的规则，这样解释他会接受的。

对于举手回答问题和一次只能一人发言的规则，有些孩子好像完全不能理解，结果使教师主导的讨论无法产生积极的效果。一直以来，每个学校的每个老师，每天在每堂课上都说着同样的事："请举手，不要喊出来，一次一个人说。"然而一直以来，每天每个学校的每个班的每堂课上，对老师提出的许多封闭式问题的每一个答案，都是大家一起喊出来的。停滞在时间隧道的这出荒诞剧是历史的也是当前的现状，课堂秩序依然没有得到改善。没有坚持举手回答问题的原则，事情就成了这样。就因为你不能忍受再让自己多喊一遍"请举手回答问题"，教室的喧闹声不但使你不得不打开窗户，也逐渐伤害了你的同事，他们一辈子也不理解，为什么他们拼命坚持原则，但孩子们还是认为喊出答案也是可以的。

保证所有学生参与听说活动的策略

没有人能在讨论课上真正学到什么。你在教室前面神气活现地来回走着，全面监视、全面控制，但是学生什么也没有学到。

谁还能毫不犹豫地回想起你们自己上学的时候参与过的成千上万次讨论里某一个确定的信息？请举起你们的手！扫视，一个没有，放弃，回家。

如果好好分析下课堂讨论这件事，你就会发现它纯粹是不经大脑思考的一种设定。它的出现，就好比让一个不知道老师生活艰辛的人去证明这个老师没有真正献出最好的一面，根本就没有意义。

所以，对教师主导的讨论课持异议者的观点是，不要设置讨论环节了，组织课堂讨论是完全低效的一种方式，如果考虑到这种讨论的两大主要原则之一"一次只允许一个人发言"，这好像还是个在讨论过程中坚持的理智的、重要的规则。然而，如果你退一步考虑，就能获得一点点全貌，它会变得完全不切实际。一次只让1个人发言，意味着其他30个人完全处于被动状态，甚至更糟彻地开起了小差。数据显示，96.7741935484%使用了讨论的课堂是没有成效的，这可不是我们想要的结果。但是，课堂讨论是老师几乎每堂课使用的一个重要法宝，如果没有准备这个就去上课的老师就会被认为是大笨蛋。

通常，在课堂上，当没有什么事情能让孩子们活跃起来或者你站在教室前面还没有开始讲课的时候，班里就会出现些捣乱的现象。课堂讨论包含了两个危险因素：一群不活跃的孩子和一个在教室前面备受冷落的老师。结果，作为老师，你的课堂讨论实际只调动了一半的学生参与。

解决办法非常简单，就是不要安排这种讨论形式了。如果你想组织一个讨论，可以是2个人、3个人或者一组，这样会有更多的人有机会说出他们的想法。教室里就不会有一半人关闭掉学习的阀门，而去参与恶作剧了。

要保证所有教室里的学生都参与到听和说的活动中，这样的策略有很多。创造学习模式和机会，这不但能够在课堂上真正起作用，而且有趣又易于操作，这可是需要一整套漂亮的工作去完成的！通过组织配对或小组讨论，你可以让自己脱颖而出，成为一个善于思考学习方法、能掌握先进的教育技能的卓越教师。

这本书旨在对教室活动的各个方面给予指导，而不是搜集各种教育技巧。然而，我认为你确实需要知道组织讨论的各种方法，因为这些方法构成了教与学的哲理，可以使你的课堂丰富多彩。为确保你能使用大量小组活动，你可能要采用听上去有点斯大林式的纯粹主义教师所使用的一种教学方法了。所有的小组活动都是以让每个孩子有平等的发言机会的理念为依托的，它不再认为教师是课堂唯一的知识来源。如果你规划得好，这种方法可以给孩子们提供互相学习的机会，而这恰恰是确保牢记知识的最有效的方法。

不要强迫学生违背本能，让他们畅所欲言

人类已经掌握的东西，在学术上被描绘成"现有模式"，这是指我们对该学科的已知领域。想要孩子们在配对或小组活动中收

集那些模式，我们不但要尊重他们现有的知识，而且要帮助他们唤起这些知识，并以此为基础，让孩子与将要学习和发现的新知识建立联系。

除此以外，要确定你没有做与行为管理相悖的事，这样才能有效。换位思考一下，在教室里，你和自己最好的伙伴坐在同一张书桌前。不难想象，如果有机会，你最想做的事就是和他们好好聊聊。但是当我们把孩子们放在完全相同的环境里，却要明确禁止他们做他们最想做的事（实际是强迫他们不能做），我们其实是在阻止他们彼此之间的交流。为什么呢？因为师生关系的天性就是你必须说，他们必须听。如果有机会，他们就没想过把这破规矩一脚踢开？换个角度，如果你允许他们做他们想做的事（互相交谈），就会发现一切将进行得如鱼得水。不被强迫去违背他们的本能和欲望，他们就会发现，原来遵守活动规则是这么简单。

所以交给他们，让他们去说吧！在你给他们布置好配对或小组听说练习后，你可以指导他们畅所欲言。"我想听见你们的声音（拍着手）！"如果他们没有大声交谈，那他们就不是在学习。这时，就让他们停下来，告诉他们不要太安静了，然后再重新开始讨论。

让学生先思考，再分组坐，然后分享

这是以配对形式进行认知的重要方法之一，我认为在小学使用非常频繁（我还没有看到在中学课堂上经常使用）。我们可以以一件单独完成的任务来开始这个活动（比如分析课文，挑出各段

落的精彩部分），或者再简单些，让他们把座位往后挪一些，然后思考（在英国教育局的指导下，以目标为导向的教育界发展速度越来越快、压力越来越大。某种意义上，老师的职责变得如此明确，以至于我们不敢安排无法确定是否能提高考试成绩的活动，我们没有成功地给孩子机会，让他们经常安静地坐下来进行足够的思考。让他们彼此坐远点真的很有意义，这能让他们闭上眼睛，对你给的题目思考一分钟）。

然后，你让他们配对坐成一组一组，比较彼此分析课文和重点段落的答案，或者说说刚才自己闭上眼睛想了些什么。班上每个孩子都积极地参与进来，热烈的讨论就开始了。

布置集体任务

配对活动就是让孩子们以配对的方式来做事情。如果你组织失败，就成了让他们自己单独完成任务了。

说到这里，你们可能会一起来跟我辩论：布置单独完成的任务是没有任何意义的，除非你进行评估（进展式的或总结式的）；能够或不能够填写完工作表里的空格，是不会帮助你记住知识的，你的同伴也记不住。如果他的知识水平比你高，那么他会用你能懂的语言帮助解释那些你不懂的内容，也许比老师解释得更好；如果你是那个知识水平更高的人，那你就得把你对这个题目的理解解释给你的朋友听。你必须用语言表述这些思想，而不是单独完成自我认知的任务，你可能会把这些知识加工成更容易被理解的一种形式。

听到这里，你应该去质疑曾被灌输的那些理念。你平淡无奇地完成了教师主导的课堂讨论，然后孩子们却是单独完成作业。我给你布置一点需要思考的家庭作业好吗？请告诉我，你上述的做法跟让不同的配对组去单独完成两个活动有什么区别呢？对于前后两种不同的方式，它们在技术上的困难分别是什么？哪种方式能诱导最多的认知，能让孩子们更专注于要完成的任务？为什么？（顺便说，这个问题一点不夸张。）

搬离课桌，让学生膝对膝讨论

你们恐怕要有更多的家庭作业了，"书桌是学习的敌人。请讨论！"

书桌孤零零地放在那里，老师好像总有什么东西藏在后面，用它们把自己和学生隔离开。因为它们，老师成了首领，学生都成了潜在的无政府主义者。如果你能征求戏剧老师的同意，在你当老师的第一个学期去听几次课，那么这对你的职业发展是很有帮助的。在戏剧录影棚，你会看到没有距离感的教学。孩子们围成一圈，坐在椅子上，你看不到桌子，孩子们真的开始施展他们的身体，在课堂上来回走动。任何学校的任何课堂都应该有这种戏剧课的自由理念。

让孩子们以配对方式彼此交谈的方法，正是这种自由理念的体现。把书桌搬到教室一边（如果这能成为习惯性做法，那你将是一个真正的好老师），然后让他们坐下来，彼此面对面，膝对膝，膝盖之间仅留一支钢笔的宽度。发给他们一篇作业让他们做（例如，让他们收集10个理由，解释为什么麦克白、希特勒要为自己的垮台承担责任），你就会发现他们几乎同时聚精会神地去完成。而且，灵活的课堂布局模式允许你在教室里来回走动……

两个人到四个人

这是指围成圈的方式，就像听上去那样简单，一对加入一对就成了4个人。这个时候，你就可以请他们互相比较10个理由，然后把它们组合成最优的答案，或者你可以让他们完成一个全新的任务。作为老师，如果你第一次组织这样的活动就成功了（其实非常简单），你就会开始感觉到，在没有桌子阻碍的教室里，你可以取得多么大的成绩了。当班里学生的数目不能被4整除，这是你遇到的唯一的技术性难题。如果剩下2个孩子，那你就把这对学生分开，让他们分别加入到两个4人组里。

四个人到八个人

这是从2个人到4个人之后的步骤，它会让你的队伍越来越壮大，所有人都能对课本中的某个内容热烈地讨论，也许可以围成一圈哦。

给每个学生分配不同的角色

在很多学校，"三人学习组"的概念被认为对培训员工很有意义。在你参加工作的第一天，有人会告诉你2个老员工的名字，你于是像着魔似的找时间，想要花整个下午跟他们咨询如何深度学习①岗位知识。这肯定不行，因为根本没有空闲时间让你这么干。

然而，这个有点违背常理的教育三人组概念对你的学生却是不无裨益的。有几点原因可以解释为什么以三人方式一起工作更有价值。如果你的学生里，英语为非母语，并处于初级水平阶段的占到很高比例，那么这条就尤其有用了。因为除非你已经把任务布置得很清楚了，否则他们不可能单独完成好任务。在配对活动中，他们会一言不发地坐在那里，让另一个同伴去完成任务，或者同伴在完成任务时，他们也不会尝试去跟他人交流。如果你把这样的学生放在三人组里面，一个孩子的母语就是英语，另一个孩子跟他来自于同一个文化的国家，但是英语口语的技能比他稍强，那么他们就会以配对组或更大组等不同方式，完全融入到活动里。

在三人学习组中，让老师给每一个人分配角色是个非常好的主意：一个负责记录，一个给大家朗读，另一个是组长（用你教师的创造力去定义任何可能的角色）。比如，在A学生和B学生之间建立一种竞争模式，让C学生来做裁判，这就是一种很有用的活动。从这里开始，第二轮再换一下，让他们轮流扮演，这样每个人都能扮演所有的角色。

---

① 最近，深度学习是个很流行的概念，这是两个看上去光灿灿的词的愚蠢搭配，使用者以为这种用法会让他或她听起来高明而富有创意。它其实什么意义也没有。

最优的小组规模及其与教室安排的关系

当我们把讨论组人数扩大到3人以上，还把它说成是"小组"就有点自相矛盾了！组织这种多人活动的方法也多得令人眼花缭乱。这里有一个问题，那就是小组讨论的最优人数应该是多少呢？对我来说，这个受班级规模和教室空间的影响很大。一般来说，如果你是在公立学校教书，班级的学生人数应该是30人左右，那你就是在被称为"教室"的小盒子里给孩子们上课了。想想你怎么去教这30个挤在小盒子里的孩子呢？不同的方法会让你不知所措。也许你想利用这个空间，让他们每个人都学会写文章；想通过配对活动，收集他们不同的思想；想让他们在三人组讨论中，轮流扮演角色；还想让他们以小组方式，进行大讨论。然后你又被告知他们必须有扮演角色的机会，有上课四处走动的机会；作为学习工具，他们必须能看懂你的课堂展示；你必须灵活使用课桌，做好准备把课桌都推到教室一边，腾出足够的空间让孩子们做4人组或8人组的活动。这铺天盖地的信息量和你一辈子也不可能都掌握的新方法（尽管事实上，它们每个都看上去非常简单）会让你恨不得一头撞向讲台，呜呜大哭。

放松点，再放松点。这里有一个能让你安排好教室的最优方法，这一切都将成为可能。那就是把你的桌子都摆成5~6人一组的。你的班里有30个孩子：简单的5×6=30，轻松搞定所有事情。

以6人为一组的话，上面提到的所有分组都不用对重新摆放桌子做大调整，或者是不用像我以前一个老系主任描述的一样"瞎忙乎"，上课瞎忙乎可不是我们想要的。在拖延的瞎忙乎中，没有人能学到什么东西。所以，为了证明我们不是家里的瞎忙乎先生或太太，也不是带有他们遗传特征的瞎忙乎孩子，我们让6个孩子围坐在一起，分成5个不同的组。用这种方法，个人的作业就能完成，你只需要从教材上复印那一页就行了；配对活动也可以完成，把头扭向旁边同学就做到了。三人学习组是把一桌的孩子分成两半，瞧！6个人一起，就是小组活动了。

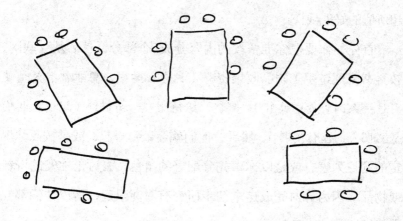

这使得每堂课用相同的座位安排也变得相对简单了（更多信息，请参考第四章相关章节）。

一旦你把座位摆成5个6人组，在教室中间搞个小型表演的空间都够了。这真是老师安排教室的好办法啊！开学花几秒钟时间搞定，就可以让你的教室呈现最优的学习环境（我知道，你会认为这听起来像是办公室的官僚吹嘘他们的功劳时杜撰的）。你把桌子尽量推到靠教室墙角的地方，但别让孩子们坐下来有窒息的感觉，你这样做的目的只是想让教室里面的学习空间最大化。留下来的所有位置都可以让孩子们站在教室前面做表演，他们可以从椅子上站起来，扮演代数里面的神奇角色。

拼图法

你需要了解这个方法，在上课前尽早做好准备，因为它需要花大量时间来备课。但是，悄悄地告诉你，这种方法会带给你物超所值的好处哦！

首先，你要把你准备教的内容分成5个部分，然后从互联网、教科书或通过手工制品收集资料（我在教学中，曾非常有效地使用过一系列古董洋娃娃）。接着，给每组发一份材料（记住，我们是5组6人的座位安排）。然后，他们就会聚到一起，或是按照你规定的题目列表，或是以你事先分配好的角色，去讨论你发的资料或物品。因为你对完成这个初步研究有时间限定，所以他们都立即开始忙着讨论了。

在初步讨论期间，老师可以休息一会儿，把脚抬起来，观察这一切是否在顺利进行中，也许你还想趁这个空当去趟卫生间，孩子们也不会注意到你溜号了。但是，如果有人听你的课，你就应该走到小组中去，假装记录他们讨论的内容，或随机在一张纸上画个对勾，让听课的老师知道你一直参与在学生评价的过程中。

这个时候，如果我不需要上厕所，我会在孩子们的胳膊上贴小纸条，你知道这纯粹是因为好玩。小纸条上写着"踢我一脚"，或者，如果某个孩子刚运动完，满身汗臭味，我就贴上"我需要洗澡了"。

在你拿起电话举报我之前，我不会写这样的标签，标签上会有"专家1组"、"专家2组"直到"专家6组"（如果你还想更有创意的话，还可以在小纸条上写一些跟讨论主题有关的东西："正电子成像术组"、"放射性同位素组"、"脱氧葡萄糖组"，但是要想让孩子们从这上面学到知识就有点言过其实，这种努力可能有点拔苗助长了）。你可以很便宜地从文具店里买到这种小纸条，任何时候，这些东西都是老师藏在书桌里用来即兴发挥的好道具。

为什么贴在胳膊上呢？因为你不会因为在小孩胳膊上贴什么东西而被警察关押起来。

一旦所有的孩子都被贴了小纸条，初步讨论也进行得差不多，你就该提示时间到了（然而，对于小组讨论来说，你经常会发现本来应该停止，却根本停不下来，孩子们总是有更多的话要说，所以这个时候要从容应对——那就让他们说吧）。提示完第一个活动的结束时间，你指出他们刚才所在的小组是他们的"大本营"，现在他们要到新的"专家组"，并指定1组到5组中哪些同学来主持，在这期间，可能会有些许碰撞和摩擦，但这些小嘈杂都是可以接受的。

在"专家组"，他们轮流分享在"大本营"学到的知识。当你判断这个活动已经接近尾声（一般情况，当你发现有一个组的讨论气氛冷却下来，就可以叫停，不要让任何小组在无聊、捣乱中等待其他小组），你可以让所有人都回到自己的大本营，就他们在专家组听到的内容进一步进行讨论。

物以稀为贵，在课堂上第一次使用完拼图方法，你就会开始理解，为什么它被很多人认为是教学技巧的终极法宝。孩子们从这个活动中会受益匪浅，不仅能提高口语及话题轮换的能力，还能从彼此的交流中学习，而你只是作为一个引导者参与其中。这样，它就成了英国教育局推崇的、严肃的超构建主义者所使用的一种方法了。但是我得承认，在我坐在教室后排听过的上百节课上，没有一次看到有老师用这个方法，由此可见这个国家的老师是多么害怕承担风险啊！

对于课堂管理者，拼图方法看上去有点难，所以很多老师没有迈出第一步去尝试。如果你是在开始教师工作之前看到了这本书，那恭喜你，在第一次上课时就用这种方法吧！你可能会遇到细小的技术性问题，但是作为老师，我向你保证，如果你第一次上课就给学生们确定这样的议程，这堂课会上得非常成功，你也马上赢得全班同学的尊重，但也有可能你会在初期遇到一些严重的暂时性困难，即使这样，你的课堂也是值得称道的。因为在这过程中，你能很好地学习如何运用拼图方法的所有技巧，彻底掌握并将此法宝永远纳入你的教学兵器库。

轮换法

轮换方法，无论是概念的理解还是课堂管理的运用，都看上去非常简单。在运用这种方法时，还是需要你分成5部分活动。如果想通过这5个活动上一堂简单而令人兴奋的课，孩子们还能从中学到大量的知识，那你还真得多花心思去准备准备。在开始时，你要给每组分配一个不同的活动，并安排好完成任务的时间，比如5分钟。在5分钟结束的时候，你把活动再分配给左边一组，或按顺时针，右边一组，这样的话，所有的小组立刻就有新的活动任务。将这个过程重复5遍，你就可以在自己的课堂上获得"独立完成"阶段非常有效果的25分钟。

你也可以不轮换活动，而轮换学生。活动地点在同一个桌子保持不变，让学生移动位置。在这过程中，孩子们常常为了抢位子，不可避免地发生轻微碰撞，可能会变得吵闹。然而会有人辩称：孩子们需要在上课时用用他们的腿，这样可以防止肌肉退化。如果你的工作是对付汽车引擎和混凝土高楼，那还真没有像把学生从一桌搬到另一桌那么简单。

打态度牌

这一方法真的是我太荒诞了吗？但是，如果你的学生确实在小组讨论活动中学习得很辛苦，又恰逢周五下午，那么这个活动会给你的教室带来新的生机和笑声。

下面几页是一套卡片：大约复印5份，裁开并把它们放进信封里（小贴士：信封里的任何东西都可能会让学生们的兴奋突然间爆发）。把信封交给每个组的负责人，让他们把态度卡片发下去，并且正面朝下放在桌上。读了卡片的学生不能告诉其他组员卡片的内容，然后在接下来的讨论中，他们将扮演卡片上描绘的角色。

坚持到最后再说话。如果有人问你什么态度，你就摇头拒绝回答，直到这一切都结束。最后，你用两句话来总结评价。	你是大卫·卡梅隆
说不可说出的话。	你要完全支持讲话的人，无论你发现他们的作品中有什么让你疑虑和挑剔的地方，你都要把它捧上天。
尝试做领导。	用这个策略想出别的新奇的创意和想法。

你是耶稣。	在这过程中，把你所想的画出来，画到你满意为止，然后跟他们分享你的作品。
疯狂卡片 正常地、完美地加入，这个过程计时2分钟。站起来背对大家，就像这样保持着，直到有人直接跟你说话。	试着带动其他人参与，尽量不要说出你自己的意见，但是一定要让所有人都参与进来。
你被诊断为抑郁症患者。	这个主意完全点燃了你的热情，让自己真正进入这种状态。

这会对你未来求职有何影响？	你是阿道夫·希特勒。
记笔记，并在活动结束时与他人分享。	想想学校里最淘气的男生或女生的肢体语言和态度，他或她是怎么想的？
模仿你在学校里最不喜欢的老师的样子，包括声音、手势，所有的，他们会怎么想？	模仿你在学校里最喜欢的老师的样子，包括声音、手势，所有的，他们会怎么想？

认真听同学在表达中出现的所有错误（语法、发音等），然后即使他们威胁要揍你，你也要把这些错误说出来。	在小组中找一个人，对他们说的任何话都反对。
从所有说话者的表达中找出积极的词汇。	说出你的真实想法，不要做任何删节，不要让发言者伤心，在生活中也要这样做。
一切超智能化。	采用基督徒基本教义的观点。

这种学习方法也许有缺陷（因为我觉得其实没人能从中学到多少东西），但是由于它超级有趣，所以远远弥补了这些问题。如果没有人来听课，可以安排一些你觉得会让你和学生开心的活动。当然，这些活动必须与教学相关，但是别让持续的压力和反复强调规则磨灭了兴趣。如果有些事情本身很有趣，但你却总是试图对学生学到的知识进行量化，这就没必要了。你的教学对象是孩子，而童年是一段可以恣意欢笑的时光。很多孩子在家里没有得到多少欢乐，你应该让他们知道：在课堂的活动范围内也可以开怀大笑。你自己也应该多笑笑，如果你现在越快乐，他们将来就能越快乐。

头脑风暴和蛛网式图表

我们都知道什么是头脑风暴。两三个人或一个小组围坐一起，集思广益，并用书面形式记录下来。

小组讨论式的头脑风暴法也算是老套的教学方法了，学生也练习得很熟。它通常用于教学计划制订的前期工作，以了解学生的现有的知识结构。这种理论是指，如果新学的知识能与现有的知识相关联，记忆会深入脑海。所以，全世界对教学有所研究的教师们都开始用它来制订教学计划，即通过两人或小组头脑风暴法和蛛网式图表来帮助老师收集学生现有的知识。

制作蛛网式图表时，小组里最霸道的那个小孩会先抢到笔，在一张A4纸中央写下主题词（例如"莎士比亚"），然后学生围绕主题画出5~6条直线，在线后面写下他们的想法。

收集学生的现有知识结构情况会经常遇到一个问题，那就是学生根本没有任何概念，或者即使有也完全没用。以一个7年级的班级为例，收集他们关于莎士比亚的现有知识，画出的蛛网式图表可能是下面这样：

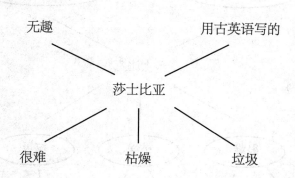

什么是垃圾？

如果你在直线那头画上圈圈而不是光写上单词，蛛网式图表也可以变得很有趣。把单词写在圆圈里面，然后（你们还跟得上吗？）根据节点拓展。每个圈圈后面再画两条线，线后面再画上圈，里面写上下一层次的细节。在学生写莎士比亚"枯燥"的地方，让他们在后面的两个圈里写上觉得枯燥的原因。你可以一直重复这个过程，直到纸被写满了或者你的学生不耐烦了、开玩笑威胁要自杀为止，哪种方法都行。

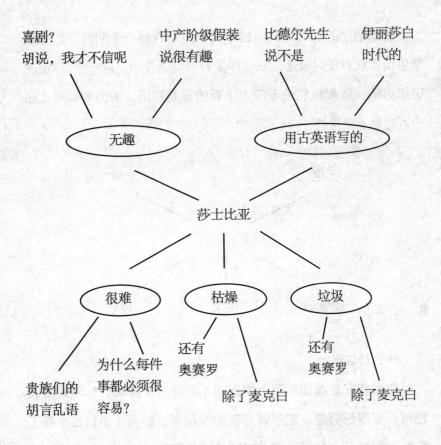

学生到了高中阶段再来看这些图表会觉得有点幼稚。因为虽然学生从小就用，但是当他们到了十六七岁的时候就会对此嗤之以鼻了。然而实际上，这种图还是一种相当有用的论文计划工具。先进行节点拓展19（这种节点拓展的方法是奥利弗·卡维廖利或伊恩·哈里斯发明的。不确定究竟是谁，但他们本来就是合作伙伴，所以我相信他们一定能兵不血刃地解决谁应该享有本书提及的这份荣誉），然后把论点按照你想要的顺序排列，就是一篇很好的论文提纲。到了考试的时候，由于它画起来快捷简便，对制订复习计划也尤其管用。

举个例子，下面这幅蛛网式图表，描绘的是一篇讨论史蒂夫·麦克拉伦是否适合担任英国国家足球队主教练的论文。

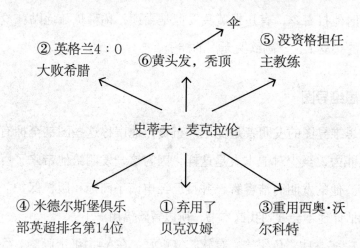

① 麦克拉伦担任英国队主教练注定是倒霉的，当他弃用大卫·贝克汉姆时，命运的警钟就应该敲响了，本来他只是想证明面对媒体质疑时他能够坚持己见，结果事实证明他没能做到，并且后来只会一味讨好媒体，好像随时准备听取大众的意见。

② 他执掌国家队后的第一场比赛，英国队以4：0大败希腊队，这个成绩似乎推高了他虚幻的领导才能。

③ 另外值得一提的是，他让西奥·沃尔科特全场首发（尽管西奥最初不是被他发掘的，因为西奥已经出现在了前主教练斯文的世界杯队员名单上）。

④ 然而事实很快证明，只看国籍来挑选英国队的掌门人的后果是灾难性的（他在前一赛季让米德尔斯堡俱乐部在英超榜上排

名第14 — 其实也算不得什么成功）。

⑤ 结果很糟糕，英国队无缘2008年的欧洲杯。

⑥ 英格兰退出比赛后，麦克拉伦被媒体嘲讽为"蠢伞哥"，因为当时他打着伞，有几根黄头发但是秃顶，稀稀疏疏地贴在没有血色的头皮上，一副欲哭无泪的样子。

思维导图

思维导图的发明者是托尼·布赞，他声称这些图甚至拥有超自然能力，至少对他本人是这样，因为这一发明给他带来了巨额财富。他的发明简洁睿智，并且已经申请了商标和版权保护。但是我估计他不会读到我这本书，所以冒险借用一下。

1. 多拿些彩色铅笔，有软芯笔更好，在A4白纸上画图。像画风景画一样布局（因为我们都具有发散性思维模式，即思想从一个中心点向外辐射），在纸中央画一幅跟你思想主题相关的图（下面的例子以家庭这个概念为主题，我以自己的家庭为原型画了一幅图供你参考）。

家庭

2. 运用你的创造力，用不同色系的笔从中心点向外画5条左右的彩色曲线，你也可以画上箭头。

3. 在彩线那头，画出与主题相关的五件事物的漂亮小图。画好之后，在曲线上面（或旁边）写上对应的单词（在下面例子中，我用蹩脚的漫画手法画了我家里的每位成员，并聪明地把他们的名字写在了线上）。

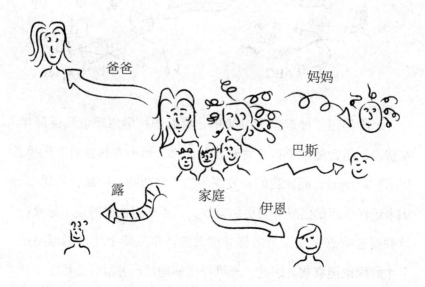

4. 第二层次的每幅图片再延伸出3条左右短些的线，在线后面画上图片并写下相关的词。只要你觉得有必要，就可以一直继续这个流程，加上更多的线条和图片，甚至可以用透明胶带把更多的纸粘接起来，形成一幅超大的思维导图，贴在整面墙上作为展示作品。

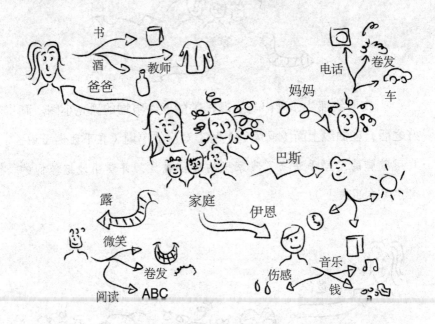

思维导图创作起来十分简单，背后的科学原理也同样简单。布赞说，组合使用语言（左脑控制）和图形（右脑控制）比单独用语言或图形，能让我们开发更多的大脑功能，因此，用思维导图来记忆和回忆信息都会更加有效。我不确定他说的是不是真的，这种说法有点玄乎，但思维导图放到教室的墙上还是挺漂亮的，学生好像也挺喜欢。因此，思维导图的确是一种很好的教学工具，但是你也不必非得去相信英国中等教育（CSE）中所讲授的神经系统科学。

思维导图的用处不胜枚举。首先，因为它更加形象生动，可以用来代替蛛网式图表去了解学生的现有知识结构，并用于教学初期制订计划。如果你早点教你的学生画思维导图，它的用处更多：协助听说活动，用作陈述的底稿，特别是用来复习功课。教育学家伊恩·吉尔伯特讲过一个故事，我一直很想尝试，但每年五六月来临的时候总是太忙而没有精力去做。如果学生就在平时上课的教室考试，由于教室的墙上挂着课程关键词的思维导图，学生会对它们如此熟悉，以至于脑子里会形成内部印象图。当考试来临，你取下那些图时，可以让学生凭记忆在空白的墙上想象出整年挂在那里的思维导图，这样的话，考试的时候他们就能从记忆中获取信息了。"长官，这很有道理啊。"

"扔手榴弹"

给你自己买本伊恩·吉尔伯特写的《奇思妙想的小书》，从学生的闲聊中获得的好东西是无价之宝。经伊恩同意，我引用了一些他的"思想手榴弹"给你们体验一下，"音符中间的空格也是音乐吗？"还有，"如果我给你的相片照相，我照的是你本人还是你的相片？"想象一下那些活泼的学生可能给出的巧妙答案，你还是去买书看看吧。

除了思想方面的，还有别的"手榴弹"。比如，挑出与其他选项不同的一个，看看你自己会不会。意思是你要找到一个理由使得3个都有可能被选中，但是其中两个有共同点，而另一个则没有。因此，下面题中与其他选项不同的是？

- 汽车、婴儿和冰箱
- 大提琴、萨克斯风和小号
- 艾尔伯特·爱因斯坦、路易斯·巴斯德和史蒂芬·霍金
- 你母亲、父亲和你奶奶
- 巧克力、薯条和小水萝卜
- 俄罗斯、美国和英国
- 俄罗斯小姐、美国小姐和英国小姐
- 一架木琴、一包薯片和一幅超现实主义的画
- 麦克白、麦克白夫人和莎士比亚
- 会计、砖瓦匠和演员
- 鳕鱼、朝鲜蓟和鸡肉

把学生分成正反方进行辩论

这方法可以视为教室版的"快速约会"。当然，它没有"快速约会"那种对人性信念的毁灭和令人反胃的失望，也没有电影《轰炸将军哈里斯》中对德累斯顿（德国地名）的大轰炸带给英国人民的那种自尊，但它的运作原则是一样的。在辩论中，每一轮你都会遇到新的辩论对手。

就教室的布局而言，辩论很刺激。首先，你要把所有的课桌

椅推到边上。不过，你最好等学生到了再挪，不然你会累趴下或者精疲力竭，甚至累出疝气或其他病来。桌椅挪到旁边以后，顺着教室的长边摆好两排椅子，椅子要两两相对。

给出辩题，把两排的学生分成正方和反方。例如，坐在左手边的学生的辩题是"吸烟是一项对社会负责的好习惯"，而右手边的学生则持相反观点。任何重大论据，不管多离奇，只要能让辩论理性地进行，都可以提出来。为违反信念或本能的论题辩护，对学生来说是一种很有价值的锻炼，这可以建立他们对辩论的理性认识，让他们体察到与自己不同的意见和观念也有存在的价值和意义。学生通常不能理解别人也有持反对意见的权利，如果你不相信，你试试去问一个信仰基督教的小孩他是怎么知道上帝存在的，你得到的回答可能是，"他就是存在，不是吗？"在教室这种安全的环境里，体验这种重要的生存技巧只有好处。

学生只和坐在正对面的同学进行辩论，事先提醒他们，如果他们都扯开最大嗓门，不仅听不到对方说话，还会引来隔壁教室高年级那个脾气不好的老师进来骂自己的老师，那可不是什么好事。当他们看到你举手示意时，必须马上停止辩论，并举手向你示意他们看见你了。

当你觉得第一轮的辩论快要偏题了，举手示意停止。通常学生会无视你，等一会儿，最后他们总会看见你并举起自己的手，那场景就像迷你教室版的两排墨西哥人浪。辩论激烈时，你最好等学生自己安静下来，而不是朝他们吼。吼叫的人等于是公开失控，别以为你的同事们听不见，那你就错了。

完成让"所有人都安静"的部分后，就到辩论最棒的部分了。让每排最左边的学生站起来，剩下的人依次向左挪位子——不是挪动椅子，而是挪屁股。一旦他们都挪完了，就剩下两人站着，还有每排最右边的椅子空着。

现在你就是解决问题的神秘人物，让站着的学生坐到空位上，这样就没有空椅子了。这样安排的结果就是，教室里的每个学生对面都有了一个新的辩论对手。哇哦！现在你可以面露得意，让学生就同一主题继续辩论，直到该发起新一轮的迷你墨西哥人浪的时候，每个人又该换新对手了。重复这个过程直到觉得厌倦了。

要注意，你应该比学生先感到厌倦。停止辩论的最佳时机是当你刚有点厌倦的苗头、但还没有真正开始的时候。

网球式辩论法

你可以登录http://www.teachers.tv/video/1399这个网址看到实际活动。视频中的这位教师脸上的皱纹还没有变深，看来我还有机会照着做并取得成功。还有一个链接，讲的是"如何进行网球式辩论"，这不是由发明者所写，所以完全破坏了活动的规则。

网球式辩论把一系列听说活动（其中的大部分活动，本章都已经讨论过）融合到了一起，最后得到了英国教育局的推崇。它是一种学习方式，趣味性强，知识性强，对于稍懒惰的教师来说工作量也很少，值得推荐。我也希望每次使用这种教育技术时，使用者都能缴纳版税给它的发明者。

下面是进行网球式辩论的步骤：

1. 选择一个有争议的话题，我们这里以性别为例。

2. 收集一些调查资料。讨论性别话题的时候，我把女权主义者西蒙妮·德·博瓦尔的作品《第二性》的节选带到教室。对，也是7年级的学生。如果你相信学生能明白这一切，他们的理解能力就会让你惊讶，如果他们理解不了，那就是你的问题。

3. 采用拼图式（Jigsaw）合作学习模式把学生分到小组大本营，并讨论阅读材料。

4. 在学生的上臂贴上标签，把学生分派到专家小组去分享他们在大本营所学的阅读材料。

5. 然后再回到自己的大本营，他们在专家小组学到了什么？

6. 让教室一边的学生辩论"男性应该主导社会"，另一边辩论"女性应该主导社会"，重复多轮直到学生厌倦为止（应该在你感到厌倦之后）。

7. 两个同性别的同学一组，面对面坐好。发一张纸，上面写上"男性/女性更优秀的10个理由"等问题，让同学们写下答案。

8. 两人组并成四人组，筛选出最佳的10个理由。

9. 四人组并成八人组，同样选出十佳。

10. 八人组并成十六人组（对，我知道，一个班只有13个人，还有3人老缺席。为了解决这个问题，准备两个真人大小的布偶娃娃，或者分成13人、14人，或15人组）。这会儿，你可以用上一个新方法。让学生围成两个圈；在这个具体例子里，可以男孩一圈，女孩一圈（在女子学校，你可以把衣着得体的分一圈，不得体的另一圈）。首先，不管讨论的是什么话题，化妆、性别或是其他的，指定一位队长和副队长。在城市，副队长还有其他意思，就是"恶棍首领"，是学校里令人艳羡的职位，所以你一定要将职责解释清楚，不然会有很多"杀戮"的麻烦哦。给他们一分钟时间，让他们安排好职位，不然的话，如果你教的都是女孩，剩下的课堂时间就会被她们浪费掉，因为她们会站在挂有"决策室"牌子的门前犹豫不决。

"不，我觉得你的辩论能力最强。"

"哦，不，杰迈玛，你比我善于表达多了。"

"不，算了吧，太荒谬了！你才是最聪明的。对吧，同学们？"

"天呢！你们能不能停下！"

"对不起，老师，你说什么？"

"自言自语罢了，对不起。"

既然学生要进入网球式辩论的角斗场地了，他们必须做好心理准备。和队友围坐在椅子上，一圈15人左右，队长和副队长为分配好的论题辩论；其他的队友则充当对手，为另一方辩护。这么做是为了让正副队长为即将面临的辩论做好准备——最后的决赛。在自己的队伍里遭遇温和的反驳和抗辩，会让他们积累经验，知道接下来如何在压力更大的辩论环境中处理类似的问题。

11. 当学生辩论的时候，老师要挑出没有认真参与的学生，一次1~2人，叫他们站起来。然后老师用他们的椅子摆出网球场的边线和底线，准备待会儿让学生坐。关键的时候到了，让两队的队长坐在网球场上选手打球的位置，剩下的人坐在边线和底线的椅子上。如果还有空椅子，就摆在中间象征临时球网。

12. 比赛正式开始。老师坐在裁判员的位置，然后让一位选手"发球"。发球方开始辩护，接球方则努力辩驳，老师像裁判一样评分（0分，15分，30分，40分，局末平分，占先等）。当某一方的论据太有说服力以致对手无力辩驳时，他就赢得了赛点。或者更常见的是，当某一方毫无根据地胡说八道时，另一方就赢得了赛点，老师的判决具有最终效力。当两位队长的实力相差太远，一方无法招架，英明睿智的老师可以做出换人的决定，让副队长上场了。

网球式辩论把6种（数一数）听说活动集合在一节课里，也无须老师站在前面说教。实际上，除了组织衔接，以及坐在桌旁判定获胜方之外，整节课老师都不用做什么工作。这是一项十分有建设性的活动，不仅增强了学生的表达能力，而且只要你多做几次，就会熟能生巧，完美地操作。早点尝试这项活动，让学生熟悉你课堂的学习模式吧。遵循上面列出的步骤，第一次组织网球试辩论的时候就把所有环节都尝试一遍，几次以后，你就非常在行了。

另外，让学生圈地而坐，有些东西就会碰撞出来。当学生围成一圈，像巨石阵里的环形石头阵一样排列得和谐统一，他们可能潜意识里就感觉到了这种圆圈发出的神秘的声音，又或者有老师看着的时候跟同学讲小话很困难。不管是哪一种原因，他们都表现得比平时更好。

如果你想征服一个特别难管的班，这种方法不管用，给他们一个"惊喜"：带个电棍来！电棍的威力能杀死导致恶劣行为的恶意脑细胞，尽管那会对短时记忆有点影响。如果你在对教师管理非常严格的教学机构，不允许使用电棒，那就把桌子推到一边，根据教室的边界，尽量围成一个大圈（如果教室太小，可以形成内外两圈）。留一个空椅子给你自己，坐下来和他们一起交谈。花上整节课进行座谈，你会惊奇地发现，学生打开了心扉，你也可以找到解决他们集体行为问题的办法（他们的不良行为可能有个原因，大家都心知肚明，除了你自己）。你会发现，拥有黄金弧线的圈子能让人心意相通，如果你能敞开心胸，他们也会与你分享这个原因。你可以做点什么来改善情况，或者至少在下次上课前，更好地了解你面临的是一群怎样的学生。

圆圈座谈非常有用，尤其针对班上的某些"主义"或恐惧症的学生。幸运的是，在我任教的整个生涯中，从来没碰见一起种族歧视的事件，实话实说，我最近碰到的11个孩子也没有种族歧视。我从来没在有种族歧视的伯恩利市工作过，但是种族歧视问题确实存在，你也有可能会遇到。当你班上出现种族歧视和性别歧视时，将学生围成一圈，好好谈谈。

一般认为圆圈座谈只适合小学教学，其实不然，如果因为你在教中学就不用它，那你就错过了一个重要的教学工具。

（注意一个技术问题：如果你发了一些资料用做讨论，那么在读完材料以后，让学生把纸放在脚前的地板上。不然的话，纸在手里沙沙作响会让你躁怒。）

从儿童哲学中学习课程构建框架：
提高学生的思考技能

儿童哲学可以被描述为一种运动。我认为，它起源于美国，其时，有一位哲学教师厌烦了大学生对哲学迟钝的反应，开始给年龄小一点的中小学生教哲学课。从此，它逐渐演变为全球性的运动，值得我们好好研究，这对任何教育阶段都有价值。

我们从中汲取的是一种适用于所有课程的流程，这个流程就是刺激-问题-关联-讨论。列出流程后，我们就立刻明白，它创造了一个能适用于任何课程的框架，并一定会给学生带来合适的听说机会。

刺激：用故事、手工品、等式或图画点燃学生热情

在儿童哲学里，"刺激"通常是一个童话或神话故事，这些故事包含简明的思想道德教育。然而，"刺激"也可能是一件手工品，一个等式或一幅图画，只要合适什么都行，关键在于下面的第二步。

问题：让学生在刺激物展示时记录下所有想到的问题

让学生把刺激物展示过程中想到的所有问题都记录下来。如果你不能严格贯彻这条规定，或者提出这条规定时没有魄力，他

们就会坐在那无所事事，并且由于他们没有记录任何问题，接下来的课堂就会弄得一团糟。在你朗读时，比如讲一个童话故事，可以在适当的时候停下来提问，让学生集体思考，慢慢引导他们发现问题。提问最好有规律地间隔，提醒学生必须记录下所有能想到的问题，否则他们只能干坐着，被动地听故事而学不到任何东西。

如果你展示的是手工品或数学公式，我也不确定怎样才能保证学生记录下问题。比如，如果你在讲解数学公式或推算过程，最好的办法是在每个步骤都停下来，看看学生对此产生了什么问题并记录下来。如果是手工品，你可以介绍一下它的主要特征，并提醒学生及时记录问题。

这个环节的目标就是，在你讲完故事或展示完物件后，所有的孩子都在纸上涂满了他们在"刺激"阶段所想到的一系列问题。这些问题成了接下来课堂活动的起点，让他们针对问题培养学生的主人翁意识。注意，他们实际上是在为自己感兴趣的（而不是老师以为他们想知道的）问题寻求答案。

关联：鼓励学生互相交流并把问题归类

这个环节不是强制性的，但是它鼓励学生互相交谈并把信息进行归类，是非常有用的预备讨论阶段。你可以让2～3人或3人以上的小组仔细阅读问题，看看是否能把问题分类。作为老师，你要做得很多，其中一条就是引导学生发现事物之间有趣的联系，这是高阶推理的基础，即通过分类练习来锻炼他们的推理能力。

关联环节完成后，学生分成了若干小组，每组形成问题，并把问题分成不同类别准备讨论。

讨论：让学生围成大圈讨论

根据你所在教室的边界，让学生围成一个大圈（如果阳光明媚，你的教室很狭小，不要犹豫，带学生到户外，在草地上围圈而坐）。如果你们已经完成了关联的环节，老师可以开始提问："谁有某某方面的问题？"如果你们没有经过关联环节，直接叫一位学生开始提问。

提完问题，接下来你就欣赏学生五花八门的答案吧，就像点燃了烟花以后欣赏五彩缤纷的场景。你的角色是裁判，而不是信息提供者。有时候学生会咨询你对他们提出的某个问题的看法，我的建议是，尽量别发表意见。当一个问题没有答案或者用一个词就能回答时，立即结束并开始下个问题。

这个环节让学生参与到有趣而充满激情的讨论，不仅激发了学生有益的思考，培养了学生的口才，也提高了他们的文化素养。同时，这也是一种深奥、非标准的教学考察方法。

从时间、数量和质量上把握作业的效果

在检查学生对学习目标是否理解这个过程当中，我觉得有很多东西值得学习。最重要的是，你必须把自己当成足球场上的传

球者。他们能明白你的指令吗？明白你想让他们下一步做什么吗？如果你对他们有信心，一切都会很顺利。但是，你要谨慎，不要高估你的能力，不要自以为你的指令足够清楚，他们一定能懂。不管你认为你有多聪明，通常都会犯这种错误。不过，即使你没能把复杂的作业解释明白，也不意味着一定会失败，因为还有两个保障呢。第一，班级里不止一个小孩，如果谁不明白作业要求，可以询问那些懂的小伙伴们；第二，一布置完作业你就马上走到学生中查看是否都开始执行。

布置作业后马上巡视，对作业质量绝不妥协

"布置作业后巡视"是给教师最好的建议，它有很多重要的功能。首先，你可以检查学生是否明白布置的作业，并已经开始做或正着手准备做。同样重要的，你可以检查他们做作业的方式是否正确。在做作业时，学生总是想破坏规则，但却总是弄巧成拙。他们都知道应该怎样按照规则完成作业，但是又似乎觉得直截了当地破坏那些规则更有面子。一般来说，规则不外乎以下这些：

1. 在最后的作业下面画一条线。

2. 在同一页的空白处中间写上题目，右边写上日期并画上线（最好用铅笔，千万别用红色——因为那是老师批改的专用颜色）。

3. 用黑色或蓝色笔书写，画画用铅笔。

4. 不要在大小写等小错误的地方画上愚蠢可怕的圈圈、叉叉或是笑脸。

如果你不检查，也不铁面无私地让学生执行这些规则，就会发生以下状况：

1. 其他页都是空白。这是惯性的耗费资源，从作业本就能看出，好像他们对学习毫不在乎，并且误以为这种行为是老师默许的。

2. 题目下面画上了弯弯曲曲、过分华丽浪漫的红线。

3. 他们用绿色笔书写，更糟的甚至用黄色笔。

4. 抓住一切小错误画上圈圈，叉叉或笑脸。

如果你布置完作业后马上巡视，就可以把上面这些问题扼杀在萌芽状态。每节课你都必须这样做，不然事情很快就会乱套，这也是你作为老师的重要任务之一。学生的作业本用来记录评判老师是否称职，如果作业本上有大片空白页，或者学生的作业粗陋，不像样子，那就成了揭发你的证据，因为学生的作业本可能会被随时上交，供你的部门领导检查。对学生的作业一定要用"纳粹"般的铁腕策略，只有这样，其他很多事情才能各就各位，包括他们的行为。老师如果对作业要求非常严格，其他规则被忽视的风险就小多了。事实上，对作业的质量不让步也意味着，你同样也不会对别的事情妥协。

严格规定作业完成时间并执行

布置作业的时候，给出完成的时间限制很重要，这是为了让事情进行得有紧迫感。理论上，当他们听到指令"你们有10分钟时间去完成"时，应该会想"时间不长啊，我最好快点"。但是，实际上他们充耳不闻。本应该像猎狗跃出陷阱一样快速地攻击猎物，学生却慢慢吞吞，虚度时间。这种时候，最好的办法就是在学生中间到处转转并查看。

至于作业的完成时间，通常可以把作业细化成一系列小作业：比如限时2分钟的小作文等。这些小作业能让学生注意力高度集中并保持紧迫感。由这些短时间的作业组成的课堂通常目标明确，充满了悦耳的笔尖刮擦纸张的声音。

如何对付做作业懒惰的学生

另一个布置写作功课的好办法是统计字数，这么做有几个理由。首先，我接的每一篇有报酬的写作都是按字数计费的，所以给学生交的作业统计字数是为了让他们提前体验将来可能遇到的这一情况，你要帮助他们培养修改文本的技能和多改稿子的写作习惯。同样，作文也要有明确的终点。一个作文题目，他们一旦写了比如说50个单词（49或51个单词都不行）就马上结束。这个作业不再需要老师说"米，再写一段吧，就算为我写的，好吗？我可不会随便布置额外作业的"。限制字数，修改作业本身就是老师的额外工作。当大多数孩子还刚刚写了个开头，你会发现有少数"神速埃迪"（著名的DJ，打碟的速度快）拿着笔，已经写完正在计数，准备开始修改了。他们在修改之前必须计数，意味着布置计数给了你一个容易辨认的可视信号，你能及时知道他们快完成的时间，这样你就不会让完成作业的学生无所事事。

对付那些阳奉阴违的学生，另外一个诀窍就是在页面上标记出你想要他们完成的目标，这招对付懒惰的学生尤其奏效。你总会碰到一些学生，他们认为课堂上做作业是老师可恶的主意。我从和善的教育权威专家弗朗西斯·普林斯先生那里了解到，懒学生用的最重要的招数之一就是盯着空气，假装在思考，实际上他们脑子一片空白。当你招呼他们时，他们会说："对不起，老师，我正在想写些什么。"如果你不精明，放纵了这种行为，那就给你以后与学生之间的关系定下了不好的基调。你布置好作业，他们可能会充耳不闻、视而不见。"对不起，老师，我正在想。"这时，你必须立即揭穿这种谎言。最好是在课间休息、午餐或下午茶点前的课堂上用做标记的方法，用红笔在作业本上画出你觉得他们应该能完成到的地方，告诉他们只有写到那个地方才能休息、吃午饭和吃下午点心。这种做法能让学生在一定程度上集中精神，也保证最懒散的学生收敛心神，用他们原本应有的速度完成作业。

至于作业的质量，你不必非得说出来，但每份作业都应该是学生能做到的最好版本。有些学生交上的作业潦草马虎，试图蒙混过关，还狡辩说是老师的责任，没有告诉他们必须交出"最好"的作业。这是一种侥幸心理，告诉他们你知道他们心怀侥幸，他们就再也不敢用这招了。

对学生作业的期望值必须设定在他们最高能力范围之内

不管任何时候，你对学生的期望值必须设定在他们最高能力范围之内，这一点真的非常关键。有些教师终其一生执教也没明白这个道理，结果导致好几代人没有取得应有的成绩，只能跟父辈一样从事低薪的工作。那些出身于白人工人阶层家庭的学生逃避功课的方法是那么巧妙，聪明才智可见一斑，而老师的工作就是要确保这份聪明用在正途上而不是白白浪费了。你指着一条眼睛上方的假想线说："看，这就是目标线。"

"但是别的老师都说它在下面这里。"迈克回答，并且比画着，把目标线往下拉。

"我知道你有多聪明，"老师说道，他真的想让学生表现出最好的一面，"目标线真的在那里。"

他们很快就能习惯你对他们的期望，并且努力达到目标。

组织有益的课堂活动

我们看到，建构主义者声称任何能让学生构建知识的活动都能管用。杰夫·佩蒂，是提倡这种学习方法的主要倡导者，他是作业布置教学法的领袖人物，从他的方法中能学到很多。你可以去谷歌搜索他的"不用说教的25种教学方法"，里面包含了你可以用一辈子的各种活动。下面介绍几个我在杰夫·佩蒂式的作业构建基础上发展的活动，不明白的地方我会进一步解释。你最好先做影印，然后再裁剪一下。这样做，你会学到更多，并且用完以后还可以在亚马逊网站上当做二手货卖掉。在剪辑的时候，再想想怎么在你的课程上运用。如果你是小学老师，在思考这些活动的作业时，看看脑子里马上呈现出的是哪些课程的内容。

卡片配对

　　裁剪好下面的卡片，面朝下放好，然后一次拿起两张，看是否匹配。这就像你小时候玩过的"钓鱼"游戏，只是这个更单调一些。

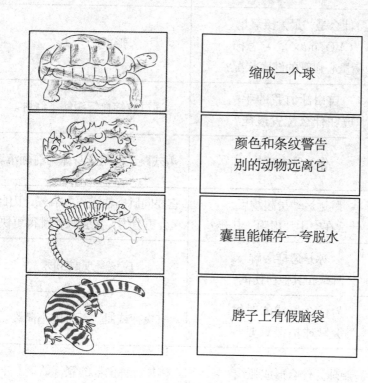

缩成一个球

颜色和条纹警告
别的动物远离它

囊里能储存一夸脱水

脖子上有假脑袋

相匹配的问题和答案

为什么运动时肌肉会火辣辣地疼?	我不知道,很难解释。
为什么运动后会浑身酸痛?	因为他直到跳下来才放开球,看起来好像他悬空的时间更长。
我运动的时候心脏会怎么样?	打球时球拍脱手,可能会打到别人的头。
什么是"最大摄氧量"($VO_2\ max$),它怎样衡量心血管的健康状况?	形成了乳酸。
自由泳时我的手放在什么位置最佳?	通过收缩血管缓解了红肿。
你能跳多高?	剪式跳远能阻止身体向前翻滚。
跳远运动员起跳后为什么在空中"虚跑"几步?	它要向肌肉输送更多氧气,因此它会更有力,更强壮,跳得更快。
冰是怎样缓解脚踝和其他扭伤的?	应该呈现成S形。
为什么打球的时候握紧球拍很重要?	有炎症或肌肉纤维的小撕裂。
旋球为什么形成弧线?	人体每分钟消耗的氧气数量（升）。
迈克尔·乔丹起跳扣篮的时候怎么能悬空那么久?	大多数人从原地起跳能跳到20英寸左右。

"对号入座"

把表（二）中的单词一个个剪开，放入表（一）中相应的栏。

表（一）

名词	形容词	副词

表（二）

Quickly	Bunny	Change
Clever	Arm	Sophisticatedly
Bang	Cherry	Gorgeous
Unpleasant	Never	Only
Custard	Powerfully	Bucket
Child	Cringe-inducing	Dolt
Doltish	Rhyolite	Less
Fewer	Arrogant	Brand-new
Coat	Ear'ole	Olivine

按一定规律排名

把下面的表剪开，将2002年英国民众死亡原因（部分）按照死亡人数排名。

疟疾
中风
自杀
肺结核
意外事故
肺癌
恶性肿瘤
暴力事件
艾滋病
心血管疾病

问题的答案如下：1. 心血管疾病为29.34%；2. 恶性肿瘤为12.9%； 3. 中风为9.66%；4. 意外事故为6.23%，5. 艾滋病为4.87%；6. 肺结核为2.75%；7. 疟疾为2.23%；8. 肺癌为2.18%；9. 自杀为1.53%；10. 暴力事件为0.98%。

按一定规律排序

跟排名差不多，这一活动只是要把一个流程的各环节按照正确顺序排列，可能要删除错误选项。

找一个丹麦男同性恋的电话。
去找理发师修理一下头发。
穿上防水围布，在背后扣好。
照镜子。
离开，感谢上帝未来半年不用再来了。
洗头女孩轻拂你的头，在你头上按摩，抹护发素，你隐隐约约地觉得内疚。
用口型默念："老天，什么发型！"
就你想要的发型与理发师进行了毫无意义的交谈。
预定了出租车那天带你去德特福特。
回答了一堆去哪儿度假的问题。
预约的时间是星期六下午两点。

记住，让学生坐着干活，在纸上裁剪、填空或者回答问题也属于建构式教学，但是也有人称之为"死亡作业单"。

我个人的观点是，作业单有它的一席之地，但是如果你只知道给学生作业单，不管设计得多精美，也不管你节目单上还有没有一系列相关的活动，你只能算个平庸的老师。你必须融会贯通，比如，带学生走出教室到校园里逛逛，带他们测量东西，坐在树杈上给学生讲课，让学生记笔记，等等。组织一些你能监管好的作业式活动是非常有价值的，但是有个小窍门：形成你自己的风格，用更加独辟蹊径的方式来组织活动，作业单则用在单调乏味的周二上午或周五下午，不用太费精力就可以完成得很顺利。

扩展写作

我发现老师们都没有充分使用的一项活动是扩展写作。假设学生高中毕业时候要参加大学入学考试，而那些考试几乎都有长篇作文题，令人震惊的是，我们根本没怎么锻炼他们长篇写作的能力。造成这种后果有几个原因：首先，很难能让学生长时间集中精神写一篇好的长篇作文（可能是很少有机会写的缘故）；其次，如果布置了一篇长作文，你就得阅读批改，这可要比对着空洞的答案（可能连完整的句子都不是）打勾更耗费精力。

从大的政治层面来说，长篇写作符合培养国民文学和计算能力的国策（你们看到这本书时已取消，但是普及了10年左右），该政策提倡向学生灌输被分解成一块块的知识；由于对学生学习管得太细，以至于用传授具体语法知识的形式分解了各种复杂而微妙的写作技巧，而不去考虑写作的内容。结果，写作课没有让学生发挥想象力写一些优美的故事，通过反复练习来学习写作技巧，而是变成了无数张脱离语境的作业单，把一堆同音异义词摆在学生面前，似乎这样做就能证明学生的文字水平了。太可怕了！

教育局称之为"长篇写作的机会"。"机会"这个词刚开始听起来有点奇怪（而学生则把写长篇作文看作是让食指弯曲疼痛之类的令人讨厌的事情），但是你教书的时间越长，你就越了解其中的含义：如果你不给学生提高书面沟通能力的机会，将来长篇写作就是他们的短板。

因此，除了配对联系、归类、排序和排名等练习外，你应该确保学生有机会拿起笔或打开电脑，写一些有一定篇幅的作文。刚开始他们也许不会感谢你，但是如果你不让他们做，很可能再也没有老师会让他们做。结果可能是，学生离开了学校，甚至连想当个特易购超市收银处的半个领班都没机会。

你充分使用信息通信技术来加强教与学了吗

我怀疑一些ICT（信息通信技术）在学校的运用价值，这一点是众所周知的，这让我在教育博主们眼中成了反对ICT的头号公敌（如果你们仔细想想，这是件很有趣的事）。

"儿子，你长大了想干什么？"

"我想用半辈子来记录ICT的精彩，不会好好使用ICT的老师都不是好老师。"

"哦，不错。做个消防员怎么样？"

这两人还真是缺乏幽默感，完全不理解我质疑大多数ICT在学校的使用价值只是表达了一种需求：能不能给我们配备一些有用的东西？

对新老师来说，IWB（Interactive White Board，互动式电子白板）是个很大的问题。因为没有受过专门的培训来使用该系统（可能你的情况相反），很多或绝大多数老师只能把它当个投影仪。通常来说，如果把电子白板放在教室中央，你就会不由自主地总想打开它。有些老师甚至不知道怎么用它播放音频，即使会，互动式书写功能也十分复杂。既然这么多老师都只会把它当成投影仪，还要求老师们必须打开用，我们要这套设备有什么用呢？我们拿它当投影仪，可投影什么内容呢?答案总是不变,"当然是漂亮的PPT演示文稿呀，不然还有什么？"用互动式电子白板代替普通白板的结果就是，5年前，我们进教室只要拿本教案（可能连教案都没有）、记号笔和无穷的智慧和魅力，然后开始即兴发挥，现在你却要花上一半的业余时间，修改日益复杂和华丽的PPT演示文稿。政府官员们称之为进步，当然光凭几个好点子、一个板擦，还有一点即兴发挥的才能，可不是什么有效的教学计划，这一点上他们也许是对的。但是，政府官员们不需要批改成堆的作业，也不屑于去了解这个事实：每节课都完美地计划、施教和评分是不可能的。

关了互动式电子白板也能教得很棒

我给你一个突破性的甚至被认为具有煽动性的建议：对于课堂上的ICT设备，尤其是互动式白板，只有当你觉得它有实际用处、能给课堂增色时，才去打开它。

这项建议在有些人看来令人厌恶：张着大嘴、口水横飞、没完没了唠叨的勒德分子（反对技术进步者），铁了心不让学生融入21世纪。这也许没错，可是听我这个唠叨鬼的话，可以挽救你与学生的关系、你的心智健康还有脱发，你即使把这个东西（电子白板）关了也能教得很棒。没有发明电子白板之前老师们都干什么了？难道之前的所有课都上得很糟糕吗？当然不是。

电子白板的普及带来的后果之一就是：加倍枯燥的填鸭式教学。只要你参加过商务会议、讲座或者专业进修培训课，听西装革履的老师慢吞吞地读着数不尽的幻灯片上的要点，百般无聊和焦虑，你就应该明白为什么你不能对你的学生做出同样的事情。

如果你没有为打开电教设备的命令而困扰，毕竟电子白板也只是一种普通教具，和板擦、作业本一样，你还会每节课都开着它吗？

我是世界上第一个承认自己不是使用电子白板的顶级专家。因为对于未经我同意就把我的旧白板拿走这件事很恼火，所以当我走进教室时，我"虔诚"地嘲笑了新设备（"虔诚"的程度很像天主教徒走进教堂时向圣坛鞠躬的样子），但是当你真的打开设备，就发现用它是有原因的，因为科技含量让它物有所值。如果想充分利用电子白板，那么还有配套的书和软件供你和学校购买。如果你只是想学些窍门来逃脱领导施加的压力，以便回归到小组听说活动（真正能激发你学生最大的学习兴趣）中，你就应该熟悉下面的流程。

网络搜索有趣的图片，
丰富学生的词汇、经验和见识

使用谷歌图片搜索是进入课程早期准备阶段的最好方法之一。为了示范这种方法的好处，我们随机选一门课做例子。老师不可能有大量预备的知识或者说以前根本没教过这门课：代数课，我们就可以上图片搜索引擎，限定自己只看前五页搜索结果，不然，我们会发现到了夜里11点还什么都没干，仍然在浏览112页上的代数公式卡通图片，并且第二天早上9点还有人来听课。我们要找什么？就在第一页上，在一堆出奇复杂的图片、剪贴画和禁书的封面当中，有些有趣的卡通图片能让我们联想到课上某个有趣的内容。

● 一幅素描画，面对学生对代数的恐惧，热情过度的、有点以自我为中心的老师无法理解。

● 一幅漫画，明确了一个事实，游乐场里的滑浪飞船是靠代数才精确算出撞击飞船的用水量的。

● 再来一幅卡通画，描绘一个小孩坐在桌子前，吐出一个思想泡泡，描述了解答简单方程式的思维过程："把a都加起来，$4a+2a=6a$，$6a=12$，我得算出变量a等于几。"

每幅图片都可以作为整堂课的起点或催化剂，能否以检查概念、分享问题及解决方法作为这节课的开始呢？又能否设置情景教学，让学生觉得有实际意义，比如怎样正确计算出游乐场中滑道上冲击飞船的用水量？又或者用图片来让学生操练一个公式，从而让孩子对推理过程记忆深刻并在考试中取得好成绩？

所有这些对代数课的提案都有潜在价值，但没有视觉刺激的话，这些价值就体现不出来。我能坐上一个小时，想着究竟怎样找到更好的方法来上代数课，而不是拿着课本，说出老师们那"不朽”的著名台词："打开课本翻到17页，做第1~15道练习题。哦，对了，做作业的时候不许说话。"快速搜索谷歌，找到一个开放式答案的"刺激物"，它会带给你想象不到的东西。与课文不同，图片不是描述性的，它并没有指明你要走的路，它只是把你的创造力轻轻推到一条看起来杂草丛生的老路上，但是探索这条路可能会非常有趣。

至于如何把这些图片带到课堂上，让它们像启发你一样去启发学生，你只需"查看全图"，把它们保存为图片（最好起个容易记的名字——这些图片的原名一般都"154396cviuwjas"之类，当你想找的时候完全没有用），然后插入到PPT中，你就有了现成的上课用的视觉刺激物。

使用PPT可以展示很多图片，一堆又一堆，并让学生做出回应、口头、视频或书面方式均可。用图片上课时，不要谈论或定义图片，你只需把它们当做能迅速开启美妙想法的工具，让学生把对一幅图片的想法浓缩成一个词，对一组图片的看法浓缩成一组单词。把这些词排成列，再转换成表格、图表、油画甚至芭蕾舞等艺术形式。如果你把单词按字母顺序排列，看看会发生什么？尝试用一幅图开始上课，图画上可以是个秃顶男人（在秃顶男人头顶中间贴个分号），或一座用废火柴棍搭的建筑物，或者给学生看一组颜色，让学生把你教的东西跟颜色联系起来，或者让学生用电子白板笔在图片上涂鸦（注释）。总之，用图片来丰富他们的词汇、经验和见识，把文字留给书本吧。

课堂收获总结方法

课堂收获总结比你想的更重要。由于它是被教育部门批评的四种做法之一，有人试图把它和上课前的热身活动（浪费老师的时间）归为一类问题来处理：要么彻底踢除，要么敷衍了事，在每堂课结束时，直接抛出那个令人厌烦的的问题："同学，今天我们都学了什么呢？"他们会握着拳头给出答案，很勇敢，但答案却完全不对，直到教育局来检查。检查的那天，他们会异口同声地回答："什么都没有，你什么都没有教给我们。我们忍受你当老师已经2年了，不要以为我们不知道这是你第一次好好批改作业。你不过经常装模做样在后面拿个记录夹板，你就是个垃圾老师！"

其实，课堂总结值得我们动些脑筋，因为它能帮学生记住你课上传授的新知识。把它当成封存知识的漆：没有它，学生离开教室没几秒知识就忘光了。事实上，知识肯定会被忘，但是总结至少赋予了新知识留存的希望。

你设想的总结总是询问孩子今天学了什么，自以为是地认为这个问题就足够。但实际上不这样做总结的理由有几个，最大的理由是它很枯燥、很公式化，学生一听就没兴趣，更何况它是学生马上就要放学的提示。为了让总结发挥最大作用，你必须遵守下面的原则：

1. 不要先收拾东西；

2. 花上整整10分钟做总结；

3. 多做几次；

4. 用认真的态度想出更多有趣的方式去完成。

不先收拾东西的理由很明显。如果在进入总结前，你坚持让学生都穿上厚外套，把尺子收进书包并把手机从静音调回正常模式，那么你就在传递一种信息：课上完了，他们自由了。当学生的心思飞走，也许飞到了操场的某个角落，正策划针对霍华德的小恶作剧，要想再试图唤起学生的注意，就会注定是一场失败的战争。为了避免这种状况，你只需做到两点：不要先收拾东西，把总结和正课的最后一部分衔接得天衣无缝。

如果你不把总结和下课安排得太紧，它就会更有效果。学生通常对时间极其敏感，尤其是临近下课时。所以最好是规定你自己准备8分钟、9分钟甚至10分钟来总结。这样的话，不仅学生不会把总结看成下课前敷衍了事、浪费时间的活动，也保证你自己会想出有创意的点子。不过，在总结上多花时间会给老师带来一个难题，那就是只安排一个活动太少。如果拿大卫·基林作的总结（我最喜欢的总结之一）来举例，你就知道怎么做了。

"想一个1~20之间的数字，用这个数目的单词写一句话来总结今天课上你学到的内容，然后与班上的3个同学分享。"

这是个好主意，但是它只能占用2 ~ 5分钟，还剩下最后四分钟怎么办呢？最好准备两个总结。但问题是，什么样才是一个有趣的、有挑战性的总结呢？

下面介绍一些方法：

让学生用肢体语言表达所学概念

这是戏剧老师的上课技巧，但也可以很好地借用到其他科目上。基本上，这是指让4个人扮演成静态舞台造型，抓住瞬间的特征并用身体表现出来。它有两种版本：写实主义的和抽象主义，我们感兴趣的是第二种，可以把它跨学科运用到课堂总结上。写实主义的静态图像可以是《维多利亚女王》的一幕场景，好像有人让时间停止一样（菲尔的啤酒杯半翘，张着大嘴巴，多特正在呻吟，佩吉皱着眉，正走向英国著名啤酒品牌"伦敦骄傲"泵桶，讨厌鬼尼克·科顿正要开口说，"别管它了，妈妈"）；抽象主义的静态图像表现的方式更奇特一些，学生用自己的身体扮演画面一个表达抽象的概念，并存在于空间中。布置这种作业时，学生的想象力真是让人惊叹：他们会很自然、毫无差错地就能把自己扮成一座建筑物，一种特别的造句技巧，一个哲学假设，甚至是数学或科学公式。

静态图像是做总结的宝贵工具，让你的学生把总结用静态图像表现出来。这时，就不会有一群学生例行公事地重复令人厌烦的动作，而是跳得很高，兴致勃勃地创造出一幅迷你的抽象艺术品。让他们重新处理信息，从具体到抽象，就认知要求而言，这是一项高阶思维活动，这会帮助他们用生动而激动人心的方式深深记住课堂学到的知识。

让学生画出所学的知识

这一个衍生活动跟静态图像几乎拥有同等价值，那就是让学生把刚才表演的静态图像画出来，这对那些觉得课堂表演很难组织的老师来说更容易做到，这样做的独特好处是你可以得到一些有趣的画来做展示。你也可以布置更随意的画画活动，让他们画出课上所学的知识或制作一张图表，有时也会产生很有趣的结果。从理论上讲，这种做法跟静态图像一样有"具体到抽象"的好处，但这可能会使学生感到困惑，并且他们画的作品通常达不到身体表演的水平。

让学生设计一组动作或姿势来描述所学信息

这一方法指的是，你给出简短的信息，学生则4人一组，设计一组动作或姿势来描述这条信息。我们以科学公式"速度=距离/时间"为例，学生可能飞快地转动胳膊来表示"速度"。伸出手平行摆在胸前，一只手在另一只上方距离12英寸左右，摆出"等号"的样子，指着想象的远方表示"距离"，用食指直接指向地面表示"除号"，指向现在已经过时的电子手表表示"时间"。当然，也许他们会用完全不同的动作。所有开放式活动的魅力就在于你不用设定答案，结果呢，不仅给予了学生发挥创造力的机会，你也会得到真正有趣而令人激动的作品。例如，我让一群学生设计过一个模仿等号的手势，结果看到了数不清的表达方式。

做个练习，看看你能想出什么动作或姿势来表现下面的公式：
"功率=力×距离/时间"和"动能=mv2/2（m为质量，v为速率）"。
你可以用这种方式来作总结，把公式的学习定义成几个独立的句
子让学生表演出来，或者更好的办法是让学生分成小组，把课上
学的内容用3句话概括出来并且设计一组动作表达这些意思，然后
公开表演。

让学生用关键词编故事

如果每节课都要学习新单词，想要学生记住，就要创造机会
让学生尽快使用它们。如果在上课时没有机会，你就可以特地设
计一个相关的总结活动。

下面这个版本是我最近为一群继续教育老师们设计的。老师
们反应说，他们自己编的故事太糟糕，但在总结时用来组织学生
编故事的效果就很好，因为这让他们重新关注了关键词的意思及
用法。

分成4人小组。每人编号1～4。你先来做示范，一句接一句地
说。编号为一的先开始讲故事，要用到他的单词栏里的第一个关
键词（下面的例子中是单词phallus）。编号为二的接着编故事，也
要用到他的单词栏里的第一个词phallic（phallus的形容词）。第三
第四以此类推，然后又轮到第一位同学接着用单词栏里第二个关
键词编故事。

Number	Number 1	Number 2	Number 3	Number 4
Key Concept	Phallus	Phallic	Signifier	Juxtaposed
	Comparison	Similarity	Difference	Rhetorical
	Inverted commas	Title	Irony	Speech marks
	Clarify	Confirm	Discursive	Relevant
	Conjunction	Connective	Flexibility	Mandelson

让学生扮演督察员检查学习情况

上课开始时，把两名同学叫到教室外面，让他们扮演教育标局的督察员。他们要在教室里巡查，记笔记并检查学习情况。课堂结束时，他们必须上交关于课堂学习内容的报告。

让学生在互动中分享收获

让学生在教室里随意走动，每次碰到一个同学，就彼此分享课堂的收获。

各学科老师布置家庭作业的方法

我最近从收音机听到了一位来自伦敦东区著名演员的访谈，说的是他父亲看到他回家带了一大包家庭作业时的态度。"你知道吗，儿子？"他父亲大声说，同时一定会把他光滑顺溜的额发捋到后面,"如果他们白天在学校教不会你们该学的东西,他们的工作肯定做得不好,是不是?"(哇哦,为什么不马上任命这位爸爸做教育部部长呢?)

你小时候可能也憎恨过家庭作业。我向你保证,当老师的更痛恨家庭作业。就算没有家庭作业,我们老师的工作量也已经多到不合理了,家庭作业则让老师的工作强度从不合理升级到了凄惨,甚至到了离谱的程度。我还从来没找到过能轻松处理作业的好方法,这是不可能的,如果你做到了,那你肯定是个比我更好、更有条理、更自律、更有奉献精神的老师(事实上,也真的没那么难)。

有人似乎做到了,如果谁有毅力和时间能够做到这点,他们的确有理由骄傲。通过简要研究不同教育阶段和不同课程之间的差别,我们来看看应该如何管理家庭作业。

在小学阶段,家庭作业不可能成为无法忍受的负担。这个经验来自于我帮自己孩子做作业的体会,他们的作业通常是一周一次的拼写预习、零星的科学实验、偶尔一张宣传单的设计,从来没有长篇作文。如果你在小学工作,工作很繁忙,但是家庭作业不是最大的问题。提示一下,如果你想让你的学生有很强的写作能力,他们就必须尽可能多练习写作,布置些故事书阅读或者类似的作业将使他们获益匪浅。

中学阶段在作业批改和管理负担上差别显著。例如,戏剧老师可能会布置"思考"和"排练"的家庭作业:"从现在起到下堂课,请你们思考动物是怎么运动的，并在镜子前练习一种动物的动作。"这真的很符合戏剧老师的身份。由于没有书面作业，所有的学生都可以说他们做过了，而你也不需要惩罚学生课后留校，因为没人蠢到不会（我敢肯定）轻松找个借口说作业已经做过了。

数学老师可以布置课本上的一页练习题，这些题容易批改，或者可以让学生互批作业，这对他们的学习也许更好。这样就留下了谁做谁没做的证据，没做的就会被惩罚课后留校。

自然课老师也可以用同样的监督方式，但是他们需要批改的作业负担更重，因为好的自然家庭作业可能是在家里做烹调实验，然后再写实验报告，这就不止让学生互改作业本那么简单了。这样的作业要求老师的判断来证明老师仔细批阅过作业了，而不是简单地在每段后面打勾。

当你教的是地理、历史特别是语文等需要大量书面写作的科目时，布置作业也可能适得其反。你第一年当文科老师，有可能要带20个班，每班30个学生。如果你给每个班都布置作业，要所有学生写篇长作文，你干脆拿起一把左轮手枪对准自己脑袋吧。没有人，不管男人、女人或是勤劳的小狗，能一个星期批改600份作文还不彻底发疯。解决这个问题是有办法的，好像大多数小学老师（包括所有的戏剧课老师）都已经知道：安排编故事的活动、画图、看图解说，"思考"问题，还有上网搜索（但是请注意，如果你在比较贫困的区域从教，很多孩子可能没有条件上网），任何不需要仔细批改作业的活动都行。

另一个布置家庭作业带来的问题是，如果你让他们把课本带回家，有一半书你就再也见不着了。令人沮丧的是，布置了作业，每个孩子都说做完了，但是你没法证实，因为他们把书随手就落家里。解决的方法很简单：别让他们把上课的书带回家。热心的专业人士建议使用专门的家庭作业本，就像课堂作业本一样。但是猜猜会怎么样？家庭作业本也丢了。直到有人来听你的课，它们又奇迹般地出现在课堂上，这只揭示了一件事：学生高标准地完成了所有你布置的作业，但是因为你从来没见过这些作业本，你就没法批改。最合适的办法是让学生把作业写在纸上，这样，就算他们没带来，也不会遗失像作业本那么有价值的贵重资源。此外，也没有任何文件能证明你究竟批改作业了没有。对督察员和学生家长来说，没有什么比写满却没批改的作业本更能证明你的无能了。这种东西真的会激怒他们，理由还很充分。但是，认真地批改20个班的家庭作业本也确实超出你的能力。让学生把家庭作业写在纸上，将来，这种证明你无用的文件可以轻易地消失。

如果学生没做家庭作业该怎么办

在这个问题上有两派观点。传统的看法认为家庭作业是必须的，原因是为了延展课堂学习的内容，也让家长参与到孩子的教育中来。作为一个家长，我明白这种观点，也理解家庭作业的好处，既然顾客（指家长）总是对的……

然而，教育学家艾尔菲·科恩在他的著作《家庭作业的迷思》

中，用令人信服的事实根据证明了家庭作业是耗费时间的，它是毫无益处的骗局，我更倾向于（倾斜的角度还很危险）科恩先生的观点。家庭作业的好处跟它的管理成本相比不值一提，尤其是家庭作业的布置和讲解占用了大量课堂时间。设计有想象力、实用性强的家庭作业需要创造力，大量因为组织纪律差、太疲累或者家庭负担重而无法完成作业的孩子要受惩罚留校，还有你花在批改作业上的大量时间，这些成本跟作业带给学生的那点好处完全不对等。大多数老师使用的还是复印的、设计不周密的作业单，而并没有花费额外的创意，针对SEN（特殊教育）、EAL（英语作为附加语言），G&T（Gifted & Talented天才儿童，现在叫Gifted and able）等不同学生群体，来设计出更加有益的家庭作业体验。

今年，我在学校里尝试了个新办法（我不建议刚刚获得教师资格证的新老师使用），即给学生布置家庭作业时，我完全由他们自己判断去做还是不做。如果他们做了，我就带着兴趣和激情认真批改，但是如果他们没做，我也不会向他们追讨作业。这样做节省了大量时间，减轻了很多完全不必要的压力，还影响了学生的成绩，多少呢？不是一点点。

如果你也这么做，马上有教育局的官员义正辞严地斥责你，所以别做。但这个方法还是给你刚任教的第一年带来了有价值的提示，那就是别成为家庭作业的奴隶。就算你没有突发奇想布置什么额外的无教育价值的作业，第一年的教学工作量也已经多得离谱了。因此，认清现实，布置作业就是在方框里打勾的事，向前面提到的戏剧老师学一学怎么做。布置的作业要把批改作业的必要性降到最低，如果学生没做，你也不要惩罚他们课后留校。也许有人会在某个时刻密切监视着你的行为（貌似，但是不可能）。其实，学校的制度只检查你是否布置了家庭作业，而不管作业是否有价值，也不管学生是否想在家花时间跟家长一起努力辨析同音异义词，也不管你是否安排了合理的课后留校时间。只要确保家庭作业计划簿上每个星期都记录了作业，你就可能逃脱"老大哥"的审视。他们无论如何也想不明白你这么做是在分析家庭作业成本与利益后而做出的决定，不管怎样，这件事本身也值得谅解。

如果布置家庭作业只是为了规避内部所谓管理的麻烦，那我们怎么保证做得到位并且不会忘记布置呢？两个方法：第一种很普通但是很有道理。如果你不想每节课到最后，学生匆忙潦草地把家庭作业写在计划簿上，你就把它放在上课开始时。把作业写在黑/白板上让学生抄写，你可以放在学习目标旁边，加上一些日常生活元素，这样学生会觉得心里轻松，因为他们知道作业一直在那儿，每节课都可以抄下来，这样做也可以确保你多动脑筋想些好的创意去布置作业。既然你要提前准备家庭作业，就要多思考，而不是像多数课上那样，到快下课时才随便抓住一个你最先想到的点子。

如果你想进一步计划省掉整一学期或半学期这样繁复的事情，一个很妙的办法就是首节课花上一半的时间，让学生快速把整学期的家庭作业都抄到计划簿上。这么做有几个好处：首先，只要你做完这件事，很长时间里你都不用担心教学检查了。如果他们要求抽查老师是否定期布置家庭作业，那么你可以提前布置完所有作业并让学生记下来，这样不仅没有罪过，还可能受到表扬。这个方法还给老师们节省了大量时间，你甚至3个月都不用再想布置家庭作业的事。此外这么做还有个好理由就是，你可以把家庭作业当成独立的、自成一体的作业，学生可以对互补的课程进行调研，这样做将会丰富他们的知识和对课堂内容的体验。

教室的布置：营造良好的学习环境，就是尊重学生

"学习环境"这个短语令人忧虑地联想到身穿粗布工服的悲剧演员。如果是教室，就叫教室，而不要叫"学习环境"。教室是19世纪产生的词，它让人想起狄更斯时代一位高傲的老学究在灰暗的教室里，摸着八字胡，对着一排排惊恐的、只能喝粥果腹的学生吟诵文章。这幅场景到了21世纪除了学生的食物其他都已不存在（不过，有时候我还真想跟有八字胡的同事在同一个办公室）。关于教室布置，有一点很重要，教室不能是黑白或单一色调，这样的环境会让学生一进来就想睡觉。

琳达·鲍威尔校长的很多观点被我直接借用，她曾对我说过一句掷地有声的话：尊重学校环境，就是尊重学生，反之亦然。如果学生在恶劣的环境中学习，他的表现也有可能变得恶劣。为什么很多学生的行为问题最严重的学校，恰恰是那些天花板掉落、墙体裸露和壁画脱落的地方呢？因此，有充分的理由证明，如果

你能多重视、关心学习环境，学生也会觉得受到了重视和关心。

你的工作是把你的教室变成琳达描述的"神奇的阿拉丁学习山洞"，而我把它升级为"迷你版迪斯尼学习乐园"。经常花点脑筋，找些好东西贴在墙上让教室变得有生气，也可以找点你家庭生活中的物品。看见枕头没？正在教《奥赛罗》？带个枕头贴到墙上。你的配偶可能会抱怨，但是教育这个行业也希望配偶们做出牺牲呀。他们会习惯睡觉没有枕头的，但你好像不行，因为早上必须早起啊。如果你能从口袋里拿出20英镑，去WHSmith（英国文具连锁店）买个迷你压膜机，对你也会有很大帮助。比如，当你读到报纸的周日增刊时，发现了一幅图片或一篇报道，它瞬间激发了你拿它用来为课程增色的想法，你撕下来用剪刀裁剪，用压膜机简单加热，这样就有了一幅现成的展示作品，在下周一贴在墙上。

教室布置最大的用处应该是学生展示自己的作品。有研究表明，学生的自信心和在教室墙上拥有自己的作品展示有关联。如果你回想一下小时候，可能还记得爸爸妈妈傍晚去开家长会。当他们回来后，你对家长会老师的发言很感兴趣，就像上课时一样。假如你有一幅艺术作品或一篇作文在墙上展示，而你父母压根没注意到，你可能会非常沮丧。因此，你可以把名字用大字体打印，装饰在作品上，好好展示学生的作品，从而表达你的重视。还有一点同样重要，不要只挂出最好的作品，因为通常那都是三四个优秀学生所做，成绩差的学生如果看到自己的作品没有得到展示，就会觉得不够受重视，这是不正确的做法。尽可能展示班上所有学生的作品，哪怕是梅尔文画的蜘蛛，图画下方把"Spider"错拼成了"Spydr"。

教室很重要，如果你很幸运地分到了一间大教室，就会有足够的空间供你贴满各种多彩的视觉"噪声"。作品展示非常关键的一点是年份，如果墙上贴的作品标明的日期还是1985年，上面展示的很多学生现已是政府部门的高官了，督察员们很快就能发现这个问题，并对你做出不利的评语。

布置教室带来的巨大工作量是令人讨厌的，但是通过前几个星期集中布置、后来不时修整的方式，你可以做到最好。新学年的头几周，尤其你的学生是年龄较小的3岁幼儿园新生和7岁小学新生，这对你来说简直是蜜月期，你能享受到任何其他时候都没有的课堂自由。这时，你可以利用自由安排课堂展示，没有具体的教学目标，只需要把墙装饰得漂亮，把展示柜清理干净，然后把学生分成不同的小组，布置不同的展示作业。一组学生用工整的字体书写他们的自传，另一组在彩纸上画漫画里的气泡对话框，其他学生创作故事板或卡通图像。安排最淘气的2个男孩贴上数不清的糖纸，整个教室瞬间变成了热火朝天的忙碌工地。展示课给老师的压力特别大，因为你不得不经常停下手头的工作，为已经完成初始作业的学生布置新的作业。他们把教室弄得一团糟，经常引起保洁员的意见，但是你的努力和受到的压力都是值得的，只要你勇敢地面对这件事，五六次之后，你的教室就由学生自己动手装饰完成。这样做能让学生对学习的教室产生归属感，他们不仅能更加尊重学校的建筑物，还能尊重在拥有"所有权"的教室中进行的学习活动。不要在展示的作品上标明日期，那样你就可以保留好几年而不让人察觉。

此外，教室布置也可以在上课时用来"炫耀"。在面对教学督察时，如果你的教学方式呆板，迫切需要证明你的优秀才智，那就策划一节充分运用展示作品的课，允许学生玩与学习相关的寻宝游戏，游戏中他们要寻找与墙上图片相应的物品，很可能这样你得到的评价就不是"不合格"了。最重要的一点请记住，用认真的态度和具有想象力的方式让教室变得生动，没有什么比这更能在同事或管理层中为你赢得好口碑了。如果你想塑造个人美好的形象，那么显而易见，教室布置就是最快、最有效创造正面印象的方法。

"你看见那个新来女生的作品展示了吗？她可当回事了，看起来也不怎么样嘛！"

第四章

最完美的课程，如何设计

TEACH!

Lesson Planning

教学是一场马拉松，尽己所能选择备课方案

现如今，越来越多的学校明文规定，新入职的教师每堂课都得有一个完整的教案。这个事情，我不知该怎么评价。刚开始教书时，开学第一天我就被告知要备课，但并没有人检查你实际做没做。所以，你只要在记事本上简要地列几个课程构思，或者，赶上你特别没精神时，想出一个"四步"课堂计划（就是你走向教室门口的四步之内想出的），就可以交差了。让教师自己决定教案的详细程度，这在我看来是相当开明的一种做法。既然备课量多少、备不备课都在于教师你自己，你自然也就要承担试图临场发挥的后果了。如果你没有足够的精力或魅力，又毫无准备地去上一门很难的课，不被"生吞活剥"才怪呢。

因此，为了避免上述情况的发生，我建议你要好好备课。即使课堂效果很糟糕，你毕竟还有稿子照本宣科。但我说"好好备课"，并不是让你把所有时间都用来备课。很快你就会明白，既要计划一节真正优秀、引人入胜的课，又要按教育系统的要求将那

些老一套的小方框一项项打勾，就得花上大半天的时间。也许你一天有六节课，要想把这天的课都准备得精彩纷呈，就得花掉你三天的时间。这可是个完全无法破解的方程式了，除非你学了高级的偷懒技巧或者作业管理技巧。

你不可能把每堂课都竭尽所能去设计得尽善尽美，你也不可能把那些愚蠢的小方框都填上，比如请你反复核实艺术课有没有关联到算数，或者学生在你的体育课上能学到什么ICT技能。如果你真要这样干，你会把自己搞得神经崩溃的。

记住这毕竟只是一个工作，掌握下面的3种备课方案，知道什么时候该用哪种就够了：

1."普通适用"版；

2."个人最佳"版；

3."完全Ofsted官方"版（Ofsted，英国教育局）。

第一种版本是唯一要花时间解释"四步教学法"概念的，因为你不用涉及导入环节，所以它实际上是一个"三步"教学计划。你教学生新知识，接着分配作业，最后检查。你会发现，大部分的课堂都是遵循类似这种模式。

你的学生表现要么太棒，要么太糟糕，而你非常想带给他们很棒的学习体验，就该用第二种版本了。你坐下来，面前摆好一张纸，思考5分钟（你会惊讶地发现，你很少这样做过呢），想出3～4个用于课堂教学活动的点子，然后赶快把它们抄到教案上，检查一下是否为有特殊教育需求的学生降低了难度，另外为成绩好的学生有没有准备额外的作业。

第三种版本专门用在有人听课时，所以值得认真对待。我在第三章的展示部分已经说过，如果你想成为别人眼中真正的好老师，就得在大家看得见的环节下足功夫。因此，你得特别注意课堂秩序，快速、充分地认识到你必须高度重视观摩课。现如今，你能侥幸通过几次可怕的观摩课，还没被考评为"需要帮助的对象"，就算是最好的结果了。你当然不会想要这种评语，"需要帮助"是"管理高层不太确定你是否能胜任这份工作"的代名词。他们会派一个更有经验的老师来听你更多的课，随后和你坐在一起，在寂静的黑屋子里挖掘出你的"提升空间"。要是你不幸有两次听课得到差评，这个程序就会启动，那个奉命来帮助（请读成"监控"）你的经验丰富的老师究竟有没有能力指导，谁也保证不了。他们也难保在某方面不是个小法西斯，因为某个非常伤心的理由，可能嫉妒你的年轻，当把你逐出这个梦想的职业时，看着你流泪还幸灾乐祸呢。你可以避免所有这些不幸，当有人将要夹着笔记本坐在后排听课时，只要你能确保在星期天花上半天的时间，做好最精心的准备，每个方框都能打上对勾，而且采用完全的建构主义教学法（也就是说，你不能自我表演，听课者不喜欢这个）。

但是完全Ofsted官方版不能天天用，你也没能力做，因为这是完全不可能的。也许会有管理者告诉你，每堂课都要做最细致深入的准备，他们也就是动动嘴皮子而已。你去办公室看看他们的课程表，他们也许能做到（但也可能做不到），因为实际上他们的课很少。所以，你应该做的就是尽力而为，并意识到在你执教的头几年，教学就是一场马拉松而不是冲刺，你不可能每堂课、每门课都能做到极致。如果你试图这样做的话，就会发现在开学的前两三周里，你就已经心力交瘁了。根据经验，比较好的一个策略可能是每班每周都要精心准备至少一次最佳版本。如果一周能精心准备两次就更好了，但别指望每堂课都能达到完全Ofsted官方版本标准。

至于毫无准备、全靠临场即兴发挥的四步教学法，可能会用得上。但是，这种全靠即兴发挥的课堂会出现问题，由于这种方案的高风险使你的肾上腺素水平升高（即变得紧张），结果你完全只顾在讲台前自说自话。课堂是应付过去了，但是你发现自己也给毁了。你可以试试，毫无准备地在讲台前上一整天课，看看结果会怎么样。你可能发现自己的课还挺有趣，如果你思维敏捷，不用提前思考或准备就能设计出风趣幽默的课堂活动，又非常自信地一直保持，这是有可能的。另外，也有可能当你炫耀"自我"的时候，学生并没有特别厌烦（不过说真的，他们宁愿让你把"自我"带到外面，像病狗一样给枪毙了）。但是，当一天的课结束了，你瞥了一眼镜子，里面那个残破的躯壳会回瞪着你，告诉你，也许明天上课时你应该至少拿出一个"能用"的版本。

"知道-理解-能够"
模式的课程目标究竟是否合理

设定课程目标比你预想的要难得多，这似乎（也应该）是一个极容易掌握的概念。目标就是你将要教的内容，按现在的说法是学生将要学习的内容。有人可能告诉过你，要成为一个"学习的促进者"，你甚至还听过那种陈词滥调，说你应该是"站在一边的引导者，而不是舞台上的圣人"。那些只要想到这个词，又没有打算马上自杀的人，都应该被立刻处决。所以，如果听到这句话，你就完全有权利骂他"傻瓜"，而且绝无可能有人用这个词来回敬你。

问题是决定学生的学习内容比看起来难得多，而且很奇怪也很烦人的是，对于什么才算一个合适的学习目标，众多思想流派的观点不一。目前学校教案模板上用的通常是"知道-理解-能够"格式。这个格式要求你设定的目标包括孩子应该"知道"什么，"理解"什么，"能够"去运用什么。这似乎是在反驳过去的模式，因为在过去10年，目标设定的主要停留在"能够"这个层面。过去对"能够"的侧重，我觉得是为了确保教师们注重学生掌握各项技能；因为只要老师告诉你了，你就能"知道"某个知识，同样你也能"理解"它，但要能够去运用就需要你主动去做点什么，而且这个活动可能还得需要某种技能，比如写作、绘画、交谈、表演、设计或者计算什么的。把"能够"作为学习目标的唯一格式，不再专门学习事实性知识。英国教育体系一直在进行内部对话，探讨它所理解的"事实"。古典主义者，比如像克里斯·伍德黑德，认为一个完全恰当的学习目标是：教育体系应该给学生配备他们应知道的一整套知识、细节、日期，以便正确理解他们所生活的世界，为未来的工作做好准备。这种看法也不无道理，但是有些人觉得给学生灌输事实是一个过时的甚至有点狄更斯式的方式。他们指出，一味灌输会让学生的学习能力退化，就像空洞的容器，被灌满一堆死知识。

在上世纪90年代和本世纪初期，后一种观念居于主导地位。下面的做法在某种程度上不太符合政治策略：只传授你认为学生应该知道的知识，而没有说明他们还应该学习的某种分析如何利用知识的技能。所以，你不能在教案上写"这节课结束时你们能知道种姓制度是什么"，这会被看成是不可接受的说教主义的证据，表明了老师跟不上新世界培养学生的技能重于灌输知识的教育理念。你应该这么写，"这节课结束时你们能够叙述种姓制度的不平等"，运用"叙述"这样具有象征意义的动词，暗示学生必须把信息进行再加工。他们不能只坐着听老师唠叨种姓制度有什么缺点，而必须发表自己对这个问题的看法。这一切看起来非常合理，直到你问了自己这样一个问题，"学生掌握分散的知识点或信息又有什么大错呢？"

我认为，正是为了回答上面的问题，为了认可老师将新知识传授给学生，"知道-理解-能够"模式才被运用。这看起来也很合理，但是你仔细想想就会发现理解一件事情本来就包含"知道"，

所以"知道"这个学习目标完全是多余的，这种愚蠢的行为又被
"能够"这个目标深化了。同样地，就像你必须知道某种知识才能
理解它，你也必须理解它才能再加工它。下面以一组"知道-理解-
能够"模式的学习目标做例子：

在本课结束时，你会：

● 知道熊在树林里排便。

● 理解它们为什么不用卫生纸。

● 画一幅图并具体注释熊不用卫生纸的原因。

熊

不明真相的兔子被当成卫生纸

不可否认，通过这个不太严肃的例子，我们可以看见前两个
学习目标都包含在第三个当中了。想要画出熊不用大卷卫生纸的
全部理由，你必须首先知道他们在森林里排便（这也是最基础的
作业）。更进一步，你必须理解他们不能使用Andrex（英国卫生纸
品牌）的所有原因。因此，我们看到"知道-理解-能够"模式是
毫无意义的，因为"知道"和"理解"总是包含在"能够"之中。

为学生制订合适的课程目标

分析完之后，我们到底怎么着手为学生制订合适、有用的学习目标呢？什么样的步骤？有两种方法。传统的做法是参考教学计划，与国民教育课程相结合，你自己或者系领导制定出丰富实用的学习目标。如果你发现没有这份文件，那还有第二种我觉得很有用的方法，即找出学生不会的东西，再教他们。

根据批改作业的结果，学生缺什么，目标定什么

为了找出学生不会的，你必须批改作业。批改的时候在旁边准备一张空白纸，在批阅作业时，你会注意到一些学生都不会的知识点。比如，你可能注意到没有人会使用所有格的撇号，他们对第一次世界大战的了解还缺乏一些细节，或者他们创造的静态图像在空间上缺少细微的差别。无论你发现了什么，把它作为下节课的学习目标之一。上完课后你再批改作业，检查他们是否掌握。如果他们掌握了，再找些别的他们不会的东西；或者他们没学会，这也是常事，你会意识到，你教给他们知识并不代表他们就一定能学会，你必须重头再来一遍，运用新的方法传授知识。

制订目标的关键：选择积极主动的动词

设置学习目标的关键是选择开始建立目标的动词，它必须是积极主动的，所以我们摒弃"知道"和"理解"，转向"实现"这

个词。我们的目标是传授他们不懂的知识以及用来调查探索的技巧，这样，我们就能分辨学习目标，好的目标如"本节课结束时，你们会画出熊不用卷筒卫生纸的原因"，不好的目标如"你会理解熊为什么不用卷筒卫生纸"。学习目标会影响课程，因为不仅学生要学习和理解目标里包含的知识，我们也要掌握相关技巧。

下面的表格里是一组你可以用来设定学习目标的动词：

评估：评价，争论，评估，比较，结论，对比，批评，描述，区分，解释，解读，判断，关联，总结，证实
推理：归类，组合，编辑，创作，创造，设计，策划，解释，产生，修改，组织，计划，重整，重建，关联，重组，修订，改写，总结
分析：分析，分解，推断，探测，辨别，区分，辨明，说明，推定，概述，指出，关联，选择，分开，细分
应用：运用，变化，选择，分类，计算，证明，发展，发现，采用，操控，修饰，操作，组织，预测，准备，制造，关联，改组，展示，解决，转移，使用
理解：转换，辩护，区分，估计，解释，延伸，概括，举例子，用自己的话说，说明，推定，释义，预测，阅读，重新安排，重新排序，陈述，重申，重写，总结，转换，翻译
知识：获得，定义，描述，识别，标注，列表匹配，命名，概述，回想，复制，选择，陈述

（资源来源 http://www.tlc.murdoch.edu.au/gradatt/verbs.html）

只选择两三个知识点作为目标

另外一条关于学习目标的重要信息是目标不要列得太多，最好是集中只教好两三个知识点。如果你试图教很多，就会让课堂重点不明，即使一节课只有一个学习目标也是合理的。

不要强加其他学科的目标

这里要说一件事。英国工业联合会（CBI）是雇主的组织机构，间接负责大部分的政府教育政策，他们认为到CBI企业工作的毕业生们没有掌握足够的文化和数学能力。他们得出这个结论的依据我不清楚，依我看是一股冲动，就像一位心怀愤恨的老太太在公交车上抱怨现在的学生。但是为了回应CBI对毕业生教育状况的不满，技能型教育出现。很长一段时间里，备课计划表上的各种方框以及要求老师们设定识字、数学和信息与通信技术方面（ICT）的教学目标等理念，就是要求所有的课程或多或少都要有跨学科的应用，并为学生掌握这些领域的技能做出贡献。结果，语文老师把二次方程式写进了《安妮·弗兰克》（《安妮日记》的作者）的教学计划，数学老师在教方程式时同时提醒学生注意连词的使用，这些荒谬的事情居然得到了决策者们的认可。就这样，这些毫无意义的方框好多年都留在备课计划的模板上，既浪费地方，又浪费了老师们有限的思考时间。

这些ICT方框背后的原因可以理解，但它后面还有更深的政治深意，简单归纳起来就是，政府有仇外情结，它对中国和印度等新兴经济体感到害怕和惊惧。英国的制造业地位已经不像过去，政府希望我们转变成"知识经济体"。现在最能获得经济利益的知识就是把人和电脑屏幕连接在一起的信息科技，我们的统治者希望我们整个社会成为世界上信息科技知识最普及的国家。很公平，但是还有更深层的原因，尤其是智能拟人化。政府在信息科技领域的龙头企业Becta公司的战略目标就包括："三年时间为教学系统节省一亿英镑"，"将能以信息技术实现拟人化的教师数量扩大一倍"。这两个目标是相关联的，假设软件推销员不是免费工作，那么Becta公司帮政府省这么大笔钱的方法就是用电脑取代对特殊儿童的一对一帮扶。举例来说，不再是让老师坐在学生旁边解释问题，而是让学生泡在电脑面前玩没有注册商标的游戏。这样可以让学生闭上嘴，停止抱怨并且不用教任何东西。

CBI的计划导致了最近政府政策的变化：要想获得新出的16~19个职业资格，学生还必须通过ICT、语文和数学考试。还有人认为，要获得普通中等教学证书，首先要通过这些职业资格考试，直到某一天他们才意识到，通过一项考试才能获得另一种资格证书是不行的，所以态度很快发生了大转变。然而，在将来的某个时候还是有可能实行这种体制，所以，备课计划上的方框（要求你的课设定文字、数学和信息技术方面的学习目标）不仅会继续保留，还会在未来数年成为焦点。

你会日益被要求把本来没有内在联系的东西凑在一起，"这节课讲约瑟夫·康拉德，我们要阅读这本该死的书，花一半时间标出他生平事件的时间表"，或者"这节课我们打算用颜料画印象派的油画，我们用剪贴画的方式，学习伟大画家们的技法并提高自己的水平"。为这种做法辩护的理由，我也已经多次讽刺，那就是儿童的文化教育是国家的大事，我们希望在这方面能达到一定的高度。他们试图通过备课计划表上要求实现跨学科技能的方框，确保每节课都能提高学生的文化水平。除了数学课是独立成体系的（数学的文字表述是一种完全不同的语言），这样提升课程的标准也有一定道理。如果是语言方面的科目，教育部门也有理由期望你能提高学生的口语表达、阅读或写作能力。这样做试图在避免英国教育中文学水平培养困难的其中一个重要原因：体育、历史或地理老师们允许书面作业中存在拼写和语法错误，因为他们把这些交给语文老师去解决，语文老师则注定要打一场失败的仗，因为她的同事们都默许学生犯错而不去纠正。

然而，关于技能目标，还是有一条较好的实际建议:只有当你能想出好的、不会打扰你上课的正常流程的目标时，才加上它们。不要强加这些所谓有关联的学习目标，强迫学生用信息技术做作业，结果可能会效率低得还不如不用。不要浪费时间去思考你能否加上一条数学的学习目标，事实上，这样做可能会彻底毁了你的课。如果你找不到什么有用的东西，拿出勇气让那些备课计划表的方框空着吧。别浪费时间用无用的东西去填写那些方框，从而表明你已认真思考过。其实，"不适用于这节课"这句话就表明你已经仔细考虑过了。

备课时，记录所需的教学材料

这个工作跟科学技术员的一样简单：你把要带到课堂上的材料都写下来，在进教室之前检查好清单以确保没有遗漏。这样做是因为，没有什么事比花费了大量时间设计出很棒的工作表却忘记带到教室更让人恼火。从逻辑上讲，认真对待这份清单很有用，在备课过程中，只要你觉得某种材料，不管是空乌龟壳、吸尘器还是介词表，肯定用得上，就马上在材料清单上写下来。不要等到最后再写，不然你一定会忘记。

差异化课程设计：
为不同能力层次的学生做计划

差异化学习、延伸学习或者个性化学习，被看成是你执教专业能力的重要部分。你的课要有四种差异化设计：为一般学生准备的教学内容，为能力出众的学生准备的较难或者"延伸性"内容，为有特殊需要的学生准备的较简单内容，以及为初学英语的学生专门准备的内容。而且，每一堂课都要这么做，没有捷径。

亲爱的读者，说老实话：这不可能做到，对吗？我的同行，教师兼作家弗朗西斯·吉尔伯特对这个很有研究。"这整件事都是骗人的噱头，"他说道，"实际上，学校根本没有足够的资源、时间和空间在课程上实现差异化教学。"你不可能每一堂课都设计四种内容，第一天开始做你就会累得掉眼泪。为了过差异性这一关，并且不会对某一群学生有失偏颇，你就必须清楚要在哪些地方、什么时候以及如何去进行差异性教学。在跟你分享如何处理差异化教学之前，有必要梳理一遍这方面的科研论著，以免你在很多根本没法看的书上浪费时间（我已经读过了，所以你们不用再读）。

当我给教师们培训，说到差异化教学时，我会叫那些觉得做得不好而内疚的教师举手，结果他们全举手了。如果有人觉得特别内疚，我就让他们一直举着手！

我想说的是，每一堂课每一个班级都实施差异化教学到底可不可能，要看它的重要性。不实行差异化教学，我们觉得让那些弱势学生（特殊教育需求学生）失望了，或者有点自相矛盾的是，也让最需要差异化的学生（能力出众的学生）失望了。这种结果是由下面两个事实共同造成的：一是如果老师没有合理设计差异化内容，只准备了有特殊需要的学生的内容，就会让可怜的普通老师们良心不安；二是关于如何应付低能学生，你得到的培训最多也就是丢给他们一个完形填空，让他们去做。实际上，差异化教学可能让你会生自己的气，因为它经常让你自我感觉不好，使你变得易怒。

然而，我认为有必要看看差异化教学不到位带给你学生的情绪影响。如果你给特殊教育学生布置的是小学老师们所说的"忙碌"的作业（能让他们不用你管，却学不到任何东西的作业），希望这样能解决问题，但事实上却无济于事。因为这个"问题"是一个孩子，这个孩子下一节课还会回到教室，还会有同样的需求，而不同的是，他的情感创伤又多了一分。

说到差异化教学不到位带来的情绪影响，有两个关键概念："敏感"和"预期焦虑"。请想象一下，只有你一个人被下令当着全校同事的面站起来。你转过身去，其他老师都拿到一张跟你有关的纸，而你却不知道，这种情况下你感受到的就是"敏感"。

现在，想象你坐在人群中，站在前面、背对着你们的校长，你必须完全诚实地写出3段话。别人看不见你写什么，你要写下从教生涯中你做过的最有失职业道德的事。

此时你感觉如何？校长感觉又如何？

当校长转过身来要求看你写的东西，你感觉如何？

所有这些感觉在不同程度上都是"敏感"的例子。学会挑战我们对自己的看法，顾名思义，这个过程会威胁到我们的自尊，因为学习即是承认自己有缺点，有距离，有不完美的地方。了解了这一点，你就能明白为什么必须十分小心地对待学生的情绪状况，因为你布置作业的方式会影响他们的自我感觉。

为了深入探讨学习对情绪的影响，我们来思考一下这两个简单的微积分问题：

1. 函数f和g分别由下列两个方程式定义，二者相等，对还是错？

$f(x) = 3x + 3$（x是实数）；$g(t) = 3t + 3$（t是正实数）

2. 如果函数f 和函数g 的定义域分别是Df和Dg，那么f/g的定义域是

A. Df和Dg的并集。

B. Df和Dg的交集。

C. Df和Dg的交集，除去函数g的零值。

D. 以上答案都不对。（网址来源-http://www.analyzemath.com/calculus_guestions/functional.html. 答案：1.错误。如果规则和函数域值相同，函数才相等。2.你傻呀，分母不能等于零啊。）

特别麻烦是不是？你连意思都不明白，更别说获得答题的线索了。你就简单看了一眼，或者更可能直接跳过看到这里了。想想假如你被关在教室里，整整两节课都在做成套的这种练习题，你会感觉如何？整整11年，每天都处于这种感受的状态，又会造成多大的情绪影响？关于学校给年幼孩子自尊带来的潜在的、毁灭性的影响，看看下面女孩说的这些话就能了解：

- 你怎么说我烂都不为过。
- 我讨厌我自己，讨厌我做的事情。
- 这对我来说太难了，但是却没有人意识到。
- 最糟糕的人都比我强。
- 我什么都做不了。
- 我是一个废物。

猜猜这个女孩有多大？她才8岁。你不应该布置她完成不了的任务，因为这只会强化别人给她的这种特别感受的感觉。

因材施教：通过评估实施差异化教学

让我们从你已知的开始讲起。一般认为差异化教学有三种主要形式：结果、辅导和作业，这你应该知道。然而还一种说法是，你可以通过评估来实施差异化教学，既然评估学生的必要性应该是所有差异化教学的起点，那我们就从这个开始。

你不能基于假设实施差异性教学。如果你知道学生的需要，就不可能根据需要来安排工作，因此，所有的差异化教学必须先评估学生的需要。还有一种非常好的想法：最好最有效的差异化教学形式是体面的评分。如果你仔细想想就会明白，根据学生的层次来适当评分就是个性化学习的集中体现，完全针对学生的个人学习需要做出反馈、提出表扬和设定目标。

总评时，给出不同考试分数

我认为，有一种说法很有力度："结果"根本体现不了差异性。如果我听课时，在授课计划上的差异化方框里面看到潦草写下的"结果"一词，我会觉得，"你并没有认真对待它——要么你已经是高级管理层中的一员，要么你不在乎你的评估分数。"

你仔细想想，通过结果表现差异化教学实际上设定了过低的预期值。学生们做一样的作业，有些做得好，有些还可以，还有些做得差，那很好嘛。

所以我认为，只有在完成正式的、需要总评的作业时，你才可以把"结果"这个词放进差异性方框里。

实行差异化辅导：同伴辅导、结对学习、分组学习

第二种，对于你来说也是最有用的一种模式，就是通过辅导实施差异化教学。这涉及到三类关键人物：教师，辅导教师/助教，同学。第一种，就像用结果表现差异性一样，类似于只在课程计划写上差异化，其实压根没打算付诸实践，也许只是让患有脑瘫的学生自生自灭（难道他自己不会滚出课堂吗？这样真的会伤害你自己）。

你可能心怀最美好的初衷去实施差异化辅导，并且在你最初的教师生涯中，它看起来也是你做得最明智的事。你将如何对待在阅读上有障碍的孩子呢？当然是在课上额外为他进行特殊的、一对一的辅导。还有更好的答案吗？实现这个只需要你在教室里来回多走几次，只要你是好意。这策略就像独腿的人去参加斗鸡比赛那样奏效，你班上所有的30个孩子都像渴望圣杯一样渴望得到你的关注。尽管他们通常性格开朗大方，希望学习有困难的同学学习得好，但是他们也无法约束自己，最多也只能安静、顺从地给你腾出半分钟去辅导学习困难的学生。在他们开始吵闹之前，你只好离开学习有困难的学生去关注其他同学。

只要有学生声明需要特殊教育，他就有可能在课上得到辅导老师或助教的一对一辅导。你很想丢下他们让他们自生自灭，所以，你给其他的学生上课，辅导导师和有特殊需要的学生则钻进他们自己特殊的排斥圈，跟同班同学隔离开来，这会让有特殊需

求的学生对辅导老师产生一种极度的依赖。需要警惕的是：虽然辅导老师很好，具有高度的奉献精神，但是你若让孩子们太过依赖某个人，反而是害了他们。因为当他们长大成人需要照顾自己时，辅导老师不可能一直跟着。辅导老师也会高兴地跟你说，如果某个人一直陪着这些孩子做功课，他们就会养成一种习惯性无助，所以最好还是不要将"辅导老师辅导"写进课堂规划里。此外，如果是一堂公开课，你把这写进了授课计划，任何负责任的教学督导都会给你打低分，认为你做事情欠考虑。

同伴辅导这种方法的好处在于真正管用，并且不用你花任何代价。有位通过同伴辅导实施差异性教学的老师，就用数据证明了这一点。根据科学的方法来做出选择（谁跟谁坐在一起及其原因），这位教师意识到了学生的学习需要，而且采取了行动，尽可能给学生带来最好的学习体验（而且并没有让自己累垮）。这种方法比布置差异性作业有更多的优势，因为它不用设计不同的作业单，可以节省很多时间，不仅拯救了你的健康，也不会让你因为苦力活太多变得整天怨声载道。

有句俗语说得好：今天孩子们两人共同完成了事情，明天他们就可以独立完成。对教师们来说，结对互助是最可靠的、最容易实施的差异化教学方法，并且也不必要做大量的准备工作。这种方法提供的是一对一辅导，这也是大多数家长所希望的。如果孩子们两人一起学习，他们就不太可能乱写作业，因为乱写对自己和同伴都没有益处。要恰当有效地建立这种辅导，要求学生们必须交出共同成果，或者只给他们一张作业单，同时老师必须确保他们轮流做。

这种方法的安全性非常令人满意。如果我们回想之前说的敏感，学习需要一定的情感冒险，而这就是孩子们最可能冒险的环境。结对学习很安全：没有公开的嘲笑。有一种说法是，如果每一堂课都让学生两人结对，你就可以把辅导教师用作额外资源，而不只是让他们坐着辅导那个对他们日益产生依赖的特殊需求的学生。

结对学习也可以按照同伴辅导的形式进行：让孩子们互相传授知识。你可以将它简化成二元选项：

- 最好的学生辅导最差的学生；
- 最差的学生辅导最好的学生；
- 最差的学生之间相互辅导；
- 最好的学生之间相互辅导。

双方学生都能够从中获益，辅导者必须通过语言清楚地表达他们的想法和对课程的理解。教学发挥了孩子们最大的潜力，这种安排获益最多的是辅导者，因为这培养了他们通过语言理性地、令人信服地表达自己思想的能力。为了分享这种机会，分组也要流动。

一种附加的好处是，辅导同伴的学生可能会发现比老师更好的解释方式。如果你打算尝试这种方法，最好先围圈座谈，讨论如何做出反馈。开始时你可以先问学生："如果有人说你做的作业是垃圾，你会怎么想？尽管你自己也知道这是事实。"尽可能训练学生给对方做出正面的反馈，这将会提升整个班级的自信心。

另外，我觉得有必要指出：你应该编好座位表以便分组，对得到同伴良好辅导的学生，小组成员要有同情心。在本书规则2——学生座位表部分对此已有介绍。如果忘记，请返回重新阅读。

布置差异化作业

然而，有时候你自己都没法说服自己，让约翰尼（阅读不好的学生）和吉米（阅读很好的学生）坐在一起是否真的能让他们俩都受益？因此，你必须尽量布置有差异性的作业。这种方法很容易遭到某些不太友善的、愤世嫉俗的人的讽刺，"笨孩子做简单的活儿"。尽管这种说法很不好听，但是也有一定道理。我们给有特殊教育需要的学生布置的作业大部分是这样的："这是你的作业表，做吧，这节课我不想听见你发出一点声响。"

关于这个问题，有一句公认的有争议的话，我认为这句话应该作为刺青刺到每个刚取得教师资格证的老师的手腕内侧。拿起你的教师资格证书去找刺青的人，让他把这句话刺在你的手腕内侧："没人能从该死的找单词练习上学到任何东西！"

在英国第四频道的系列片《不会读也不会写》栏目中，我给一群读写困难的成年人上最基础的语音课，录制过程中我认识了一位叫詹姆斯的年轻人。课程开始时，詹姆斯目不识丁。他非常可爱，孝顺母亲，对家庭也忠诚，每天早晨五点半起床，不间断地工作。他给我讲述了他的学校生涯，我觉得他的故事可以解释为什么你绝不能让学生在课堂上做找单词的练习。我问他：上课时感觉怎么样？他回答说：只要一上课，老师就让他做找单词的练习。

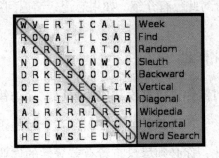

至今仍有老师大声问："我该如何打发詹姆斯呢？知道了，给他布置一个找单词练习，这样他整节课都有事干啦。"问题是，詹姆斯在学校期间做过太多的找单词练习，所以现在他非常擅长。他不识字，但这并不表示他不想。不识字并非他的过错，他试过，他尽全力做好老师布置给他的每一个找单词练习的作业，他可以在短短5分钟之内完成你能想到的最难的找单词练习。

这真是让人觉得痛苦的画面。老师为了让詹姆斯保持安静而给他布置任务，但实际上詹姆斯却想有所成就，他竭尽全力尽可能地快速完成，很快他就做完了，心想："看，我做得真好。我很聪明。没人做得比我更快。"他期待表扬，因为他值得称赞。但是，有人表扬过他吗？

不，没人表扬过他，他毁了老师的课。老师安排他找单词本意是想换他安静一小时，所以老师生气了，也许不易觉察，因为老师压力非常大，尤其是班级里有个活力十足，又无知又无所事事的学生，詹姆斯就成了老师的难题。这件事情给年轻的詹姆斯传达了什么信号呢？他尽力了，他完成了老师布置的作业，但是老师却生他的气了。

我发现詹姆斯的故事令人心碎，因为我了解詹姆斯这个人，我敬佩他，而且我知道他的老师为何这样做。但整个事件是不幸的，这是由于老师把差异化教学看成苦差事而引起的。各位老师，请不要这样做。

完形填空：对那些在差异化方面做得很糟糕的老师来说，完形填空似乎是标准的默认做法。找出一篇文章并打印，抠掉一些单词，再代之以空格，最后将这些脱离语境的单词放在选项中，这么做的目的是提高学生的阅读理解能力。我对完形填空的想法从第一次接触以来一直没变：天啊，我们难道没有更好的办法吗？全世界教育界里总该有些聪明绝顶的人，能够想出比填空更有效的办法来帮助读写能力差的孩子吧？有一种说法我认为很有道理：完形填空比起找单词练习强不了多少，教师应该同样不屑于使用它。不要只给最有需求的孩子们这些默认使用的练习，他们值得拥有更好的学习方法。

完形填空还存在更深层次的问题。布置完形填空其实就是叫孩子们做他们不擅长的事：写作，而且因为使用的语言太过简单，他们只能做出课程要求的简化版。阅读差并不意味着你智商低，不信可以问问爱因斯坦。完形填空的程序是以语言的形式表现课程内容，比起那些不用读写的科目，这种方式需要的智力水平更低，结果让孩子们对原本喜欢的科目也失去了兴趣。

如果你打算使用完形填空，就可以用一种稍微不同的方式去做。比如，让孩子们自己互相出题。你可以用前面讲过的结对辅导方法，让能力强的学生为能力低的学生出完形填空题，然后前者为后者的表现打分。

最后，如果他们共同完成作业，你就可以要求能力低的学生自己出完形填空题，这比填空更能提高认知能力。

这种方法可以用于布置差异性作业。偷个懒吧，让能力强的学生帮你解决问题，让孩子们互相帮助进行差异化教学。

拼写策略是辛西娅·克莱恩教我的。辛西娅·克莱恩有着红色头发，在拼写方面是位专家。这是一个非常简单的安排，就是让读写能力低的孩子们做他们喜欢的作业（教他们一些有用的东西）。你只要打开PPT程序，尽量用最大字体输入十来个跟课程相关的单词，然后将这十张纸连同一副剪刀交给那个学习困难的学生。对于每个单词，学生都要做3件事：

1. 从单词里找词。如果以假象词"Walthamstow"为例，我们可以看出里面包含Walt、ha、ham、am、stow、to和tow这些单词。

2. 将单词剪开。此处的关键是让孩子们想怎么剪就怎么剪。他们可能剪成Wal-tham-stow，可能剪成Walt-hams-tow，甚至是W-alt-h-amstow。他们喜欢的方式就是对的方式。

3. 故意3次都读错他们剪开的单词。那位疯狂的小朋友可能会在教室里一遍又一遍重复念着"whu-alt-huh-amstow,wuh-alt-huh-amstow, wuh-alt-huh-amstow"，而其他同学都在皱着眉头旁观。当他们仔细检查并挑出和自己发音一致的单词纸片时，这项活动的优势就体现出来了。

这种方法不能让特殊需求的学生整节课都实行，但是你可以用它来引出听说读写活动。这样的活动对拼写不太好的正常学生也是有益的，因为这会提高他们的拼写能力。

另外，在我教学生涯的初期，我曾把学生们按照他们的成绩分组坐，并布置不同的作业单：初级读写能力的学生做完形填空，中等学生做问答题，成绩好的学生做扩展写作。但这并不奏效，这种方法不仅难以执行，而且似乎对中等学生总是有失偏颇。

实际上，只用一张作业单就可以合理地对全班学生进行差异化教学：先出最简单的问题，再逐渐增加问题难度，这叫作分层次作业。或者，用同样的作业单，但让不同学生从不同地方开始做，比如，凯利和杰德从第一题开始做，裴旺从第四题开始做，古雷只需要做第二十道题，因为这道题特别难。

多元化信息输入：学习类型差异化

在写这本书的过程中，有些地方会无法避免触及学习类型。毫无疑问，某些时候你也会被人引到这个话题，但是你却完全不了解它。

我的理解是，每个人都有自己偏好的学习类型，它来源于加州的一门准科学，称为神经语言学，简称NLP。对我来说，NLP一直像是聚会上玩的一套魔术，魔术之一是"形态"话语。神经语言学家们证实了我们通过五种感官吸收信息，然后他们继续提出未经科学证实的观点，即我们每个人都有某种根深蒂固的新信息吸收偏好，要么通过听（听觉），要么通过接触（运动感觉），要么通过看（视觉），因此，我们有各自偏好的学习类型。即使这个荒谬的理论没有半点科学依据，但是教育部依然建议学校要认真对待该理论。结果是，无辜可怜的学生被迫戴着一枚愚蠢的徽章，说"大家好，我叫迈克，我是运动感觉型的学习者"，毫无疑问，这会让他拒绝去上不符合他学习类型的课，"老师，我不会做这个。我是运动感觉型的学习者，所以我们不做阅读。"

那么为什么差异性教学中还有学习类型偏好这种理论来搞破坏呢？原因是，尽管人类没有固有的学习类型偏好，但是这个概念对定义课堂信息输入的模式和方法还是有用的。如果我们把一节课设计为：30%有关听力（说话或者类似的活动），30%有关视觉（观赏图片或者画图），30%有关运动触觉，剩下的10%时间用来消磨时间，这样就具备了多元化信息输入的基础，就不会完全剥夺某个学生的学习权利，比如那个学生非常讨厌听力（因为他是聋子）。学习类型是智力的运用，但是孩子们在课上缺乏肢体活动的状况也是事实，因此，尽管有人背地里嘲笑运动感觉型学习者这个概念，但运动感觉型学习类型并不会被轻易摒弃。事实上，我们可以通过下面的方式进行运动型学习：允许学生在课堂上走动，在教学中加入更多舞蹈和戏剧，使用肌肉记忆法作为信息编码的方式之一。这也意味着，学习类型有助于我们明白如何更好地组织课堂活动。

给尖子生布置延伸作业

既然有针对学习困难的学生的差异性教学，那么也应该有针对能力突出的天才型学生的差异性教学。首先，简单说明一下这类学生以及他们如何被列为天才的过程。"城市卓越"（一项旨在提高市内教育水平的计划）给出了以下定义："有天赋"是指学习者在除艺术、设计、音乐和体育之外的某个或多个学校必修学科中能力突出，"有才能"是指学习者在艺术、设计、音乐、体育或表演艺术（例如舞蹈和戏剧）中能力突出。

因此，"有天赋"和"有才能"是两个完全不同的概念："有天赋"指的是学术能力或者智力突出，"有才能"指的是在运动或艺术上有天分。"有才能"的人可以是个笨蛋，"有天赋"的人也可能四肢动作完全不协调。关于如何判断学生是否具有这个特点，你可以下载数据表。根据数据判断时，有些要特别注意的事项。第一，不要误以为必须给"有才能"的学生准备标准更高的教学内容，比如你教历史，那么学生在体操课上的优异表现就跟你无关。如果某些学生符合该课程的优秀标准，那你就只需承认并登记他们是"有才能的"学生。如果你教戏剧课，班上的两名学生堪称小麦凯伦（英国著名演员），那你就要注意在教学计划中为他俩准备特殊内容，以布置特殊作业或辅导的形式为佳。

一个孩子"有天赋"是指他们非常聪明，所以你必须为他们准备合乎他们聪明才智的特殊内容。这里有个问题，因为每个学校都需要拥有一定比例的"有天赋"的学生，哪怕这个学校很差，所以你偶尔会碰到一些所谓"有天赋"的学生，他们的表现让"有天赋"这个词变得可笑之极。"你一定是在开玩笑。如果这个孩子都算有天赋，那我一定是特蕾莎修女和某只近视的特殊黑猩猩的后代！"等你嘲笑够了，你就必须收起你的笑声，猜想它的确具有某些实质性的差异。

你要根据你的专业判断为班上每个"有天赋"孩子设计不同的教学方式（也许这一次你可以在差异化方框里把"结果"这个词写在它的缩写旁边）。但是一般而言，可接受的形式归结为以下几种：

1. 结对辅导——让有天赋的学生跟能力差的学生坐在一起，并让有天赋的学生讲解。理论上，最有效的学习方式实际上是通过教来学习的，因此，让能力最强的和最弱的学生坐一块对他们两人来说都是差异化的辅导。

2. 作业——如果针对低能力学生布置难度低的作业，被无理讽刺为"笨孩子做简单作业"，那延伸作业就可以简单总结为"给聪明孩子出难题"。给"有天赋的"孩子完全不同的、更有挑战性的作业会让他们感到自己与众不同，而且如果你认真地设计作业，就可以让他们用非凡的才智从容应对挑战。

3. 延伸作业的差异化——这是成绩差异化的一部分。有天赋的学生也会跟班上其他同学做一样的作业，不过因为他们会完成得快些，对此你需要有所准备：当他们做完刚放下笔，你就明智地给他们布置全新的作业。实际上，为每一堂课准备额外的延伸作业是个不错的主意，你只需稍微动点脑筋就能得到巨大回报。如果每堂课开始前，你能提笔写下"我要安排那些提前完成作业的孩子做什么呢"这个问题的答案，前面提到的那个聪明孩子就不会整整半个小时坐在那里无事可做。你会早些明白"游手好闲者，惹是生非人"，并不像你之前想的那样，指的是某个秘密宗教妇女会，而是包含着深奥真理。如果你不想让"天赋"学生盖茨因为无事可做而用他的大门钥匙拧掉你桌子里的所有螺丝，那就为他准备些延伸作业吧。

记录差异性，参考数据掌握学生特殊需求

如今的学校都拥有大量数据。数据可以告诉管理者们那些11岁的孩子们中间谁能取得好成绩，因此我们对数据充满了敬畏，它带来的是拉达汽车和敞篷奥迪之间的差距以及副校长的升职。你的差异化教学必须参考数据，很简单，看着班级数据表进行辨别：

1. 哪些要登记在SEN（特殊教育需要）名单上及其原因；

2. 哪些的母语非英语，并处在英语学习的初级阶段；

3. 哪些要在相应科目登记为"有天赋的"学生。

登记完之后你就可以将数据转化到备课表上的差异化方框里了，并把学生的姓名缩写放到特殊需求旁边：

SEN（特殊教育需要的学生）：

CP：行动，学习

PB：行动+，阅读

CM：陈述，EBD（情绪及行为问题）（从例子中能看出特殊需求分3个层次："行动"是指有人发现了问题并予以登记，"行动+"是问题需要得到重视并可能需要申报特殊教育支持，"陈述"是指确定为特殊需要学生，有权申请课堂特殊需求辅导）

EAL（母语非英语的学生）

MS，GM，SS：英语水平1级

G&T（天才型学生）

RM，DR，PP：学术上有天赋

PT：学术天赋，运动天分（篮球）

CC：（艺术）天分

在完全掌握了学生的特殊需要后，做出针对性的课程计划，让孩子们参与课程。

下面是错误的做法：

SEN（特殊教育需要的学生）：

CP：行动，学习——学习成果

PB：行动+，阅读——学习成果

CM:陈述，EBD（情绪及行为问题）——学习成果

EAL（母语非英语的学生）：

MS，GM，SS：母语非英语，英语水平1级——学习成果

G&T（天才型学生）：

RM，DR，PP：学术上有天赋——学习成果

PT：学术天赋，运动天分（篮球）——学习成果

CC：（艺术）天分——学习成果

更好的例子：

SEN（特殊教育需要的学生）：

CP：行动，学习——跟PT结对进行同伴辅导

PB：行动+，阅读——作业，跟RM一起出完形填空题

CM：陈述，EBD（情绪及行为问题）——辅导，辅导老师将会坐在小组中间

EAL（母语非英语的学生）

MS，GM，SS：母语非英语，英语水平1级——作业，单独用母语做练习，然后3人一组一起翻译

G&T（天才型学生）：

RM：学术上有天赋——作业，跟PB一起出完形填空题

DR，PP：学术上有天赋——学习成果

PT：学术天赋，运动天分（篮球）——跟CP结对进行同伴辅导

CC：（艺术）天分——在英语课上，扮演猴子的……

如何把差异化教学做得更好

最简单的答案是：有人听课时才做。这对国内绝大部分教师都行得通。

如果你想更好地处理这个问题，就必须找到几个作弊的方法。虽然差异化教学看起来很复杂，但它只是一系列简单的概念和步骤。然而，你纠结的不是搞不懂它像金字塔一样的复杂结构，而是怎样坚持站在塔顶。恰当的差异性教学（特别是作业差异化）非常耗费时间，何况你的事情已经够多。

你应该正确地意识到，为了保证你至少能为特殊教育需要的学生做些准备，最简单的管理好差异化教学的方法就是同伴辅导和结对完成作业。如果你让他们跟友善的、有爱心的聪明孩子坐在一起，他们就会从搭档那里获得辅导。请认真地考虑学生的结对或分组，把有需要的孩子跟合适的帮助者搭配在一起，你会发现课就会上得非常顺利。还要记住，阅读和写作作业会产生特殊需要。试着上一周的课，不安排阅读和写作，但是要安排大量戏剧、听说活动并用不同形式记录下来，包括图表、图片、展示等。当读写困难的学生进步时，看看他们有没有高兴地飞起来？记住，当你不用应付他们的特殊需求，或者试图采取什么行动时，你会帮助他们学习的延续性。你可以把各种活动混合到一起，这样既可以让他们平等地参与课堂活动，又可以提高他们不擅长的技能。

对待母语不是英语的学生的差异化教学

这是专家的研究范畴，但我并不是专家。关于帮助还不会讲英语的孩子的教学策略，我还知之甚少。

怎么来理解你难以做的事呢？想象你在一个阿拉伯国家度假，

你一句阿拉伯语都不懂，这时一位当地人走过来用阿拉伯语问你问题。

你听得懂这个问题吗？不，你完全不懂这位朋友说的是什么。实际上他是在问你会不会说阿拉伯语。你说，"对不起，我不懂阿拉伯语"，但是他不理，继续跟你说，只不过大大放慢了语速，加大了词语之间的停顿。但你仍然听不懂，所以他就开始将阿拉伯语里的辅音更清楚地发音，但这对你没有丝毫意义。他说的是阿拉伯语，而你不懂阿拉伯语。你继续说："对不起，我不懂你们的语言，我不懂阿拉伯语。"但这对他也没有任何意义。这次他改变了某些词语的顺序，"阿拉伯语，说，你会吗？"接着他又省去一些词，"阿拉伯语，会吗？"你满脸迷惑，甚至还有点惊恐，因为那个人又更大声地重复了一遍，还胡乱地打着手势（你知道美国人表示"好的，朋友"的手势在中东的意思是"你是个混蛋"吗？请谨慎使用手势）。尽管你已经完全惊呆了，还在拼命摇头，但那个人手势更乱了，并且开始向你大喊大叫。

"会说吗？会吗？你会阿拉伯语吗？"

"会说吗？会吗？你会阿拉伯语吗？"

"会说吗？会吗？你会阿拉伯语吗？"

如果你身处异国他乡，完全不知道外面的世界，你会有什么感觉呢？可以想象的是，你会非常害怕。而当我们用英语跟难民孩子说话时，其实我们就是这样对待他们的。这叫作"激活"，让交谈变得更生动，但是效果甚微。这帮不了孩子们，老师也因为觉得自己无力帮助孩子而感到更多的压力，并把这种压力部分转到了孩子们身上，但这很可能会吓坏他们（不管老师如何笑容满面、善解人意）。

讲两个警世故事。我年轻的时候加入了青年社会主义党的彭盖和安纳利支部，我们留着稀疏的胡须，有点像电影《地狱天使》里的演员，但不同的是我们都不骑摩托车。我们一群人衣着邋遢，披着派克大衣，穿着破鞋，每个周二都会去人们家里互称"同志"。负责照看这些青年社会主义者的女同志叫海伦，年龄大点的人经常说她有点"Mili"。我不懂它的意思，难道是"军队（military）"、"千万富翁（millionaire）"，还是"千足虫（millipede）"？（海伦身上宽大的土耳其长袍下面难道藏着一百条腿？）当时我只有17岁，知道的东西很少。结果"Mili"指的是"激进（militant）"。激进派是工党中的一个激进派别，那时的报纸无力地讽刺他们是疯狂的左派分子。很明显，他们是"托洛茨基分子（trotskyite）"，可是我也不知道托洛茨基分子是什么。

我把我的女朋友称作"小鸟"，海伦非常不开心。周日晚上在一家安静的酒吧里，坐满了希望第二天不用去学校的教师，海伦当着"革命同志"的面，狠狠地抨击了我的大男子主义。我真想说："大男子主义又怎么了？"但是我没有。我只是坐着，披着绿色派克大衣，下唇发颤，听着年长的前辈厉声责备我。"你的话是在仇视女性，"她咆哮道，"你本人也一样。"（以前我没听过这话。）"小鸟这个词不恰当，你的女朋友会飞吗？她难道吃种子吗？她不是你的小鸟，这严重地贬低了她。她很强大，不可战胜，她是一个女人！"

　　我第二次碰到"不恰当"这个词，是在伦敦北部哈盖林的一个的地方组织。那时我接到一个极其糟糕的任务：做社工，我的服务对象中有许多精神病患者。"你能把这些纸按字母顺序整理好吗，菲尔？""应该可以，社会工作者，没什么难的。"我的同事G，是一位非常好的印第安女人，她怀疑我有些话不是真话。如果别人怀疑你说的话是否真实，伦敦本地工人阶级的反应是伸出双手，掌心向上，并说"Honest Injun（真的）"。G不太能理解，其他的同事也不能，我很快遭到了纪律惩罚。

　　这件事让我再一次觉得害怕，我并没有暗示G或者任何印第安人我不诚实。我没有理由去怪罪谁，因为这不是谁的错（此外，伦敦北部的社工们太迟钝了，他们没有意识到这个短语其实来源自约翰·韦恩的西部电影里被屠杀的印第安人的语言）。事实上，我只是说了我的方言而已。

　　但是我的语言让我陷入了困境。我本应该意识到那不是我的错，但是我没有。我感到惭愧，受伤，受侮辱，还非常生气。就像任何因为说方言却遭到处罚的人一样的生气，他们的语言都来自于传承和文化，并不是自己创造的。

　　记住这件逸事。孩子的语言对他们来说非常重要，不管是某种英语方言，还是与英语完全不同的语言。他们的语言传承自父亲，代表了身份。你必须尊重他们的语言，并明确表示出来，记在教室的墙上，让不会英语的孩子用他们的母语写作业。虽然你不可能懂得很多立陶宛语，也明白不了他们写的内容，但是通过点评他们的展示、课堂上的表现，了解学习对他们有多困难，你仍然能够给他们的作业打分。而且，网上有翻译工具可以帮你用他们的母语来评价他们的作业，如用立陶宛语说"你做得很棒"，"继续努力"。让学生用他们的母语做作业表示你尊重他们，用他们的母语批阅作业表示你在乎他们。你认为他们很特别，值得费点功夫，这对一个教师来说是件好事。

第五章

学生学习的成效，如何评估

Assessment

评估有两种：形成性评估和总结性评估。总结性评估是你在学校参加的考试：坐在宽敞通风的教室里回答多项选择题，最后得到一个能影响你未来的分数。老师收集分数制作电子数据表，你的进步或退步就被写进了成绩报告单中。于是，你的妈妈可能亲你，你的爸爸可能揍你，这取决于你的成绩好坏。在这本书中，我们对总结性评估的论述不多。事实就是这样，你必须进行总结性评估，而形成性评估则更加复杂，不容易掌控。如果你希望学生们取得更好的成绩，就应该重视形成性评估。

评阅打分是老师的重要职责

评阅打分是老师最重要的职责，你一定得好好批改作业。假设你对教学有无限热情，专业知识丰富，各种规章制度通晓，行为举止无可挑剔，课教得很好，得到无数人真心赞扬，但是你如果不批改作业，这些都是枉然，学生是不可能得到进步的。相反地，你可以每天早上宿醉未醒，穿着上周的皱巴巴的法拉利牌裤子，头发像鸟巢一样，然后花大半节课向孩子们吹嘘自己，但是，只要你认真严格地批改作业，你的学生会进步神速。

不同科目的作业批改量差别很大。很明显，一般来说，书面作业越多，及时批阅的难度越大。戏剧和体育课的作业容易批改，音乐、艺术及设计与科技课也一样，数学老师喜欢在括弧里打钩，科学课老师则要更费心一些。从批改地理作业（难，但是你可以让他们画地图），到历史作业（更难，但是你可以让他们画出历史版图），再到语文作业（几乎不可能批改完），这些作业的难度和重要性是逐步递增的。但是，不管你教哪一科，确保布置有意义的作业，既是你的责任，也是件对你的学生、同事和整个社会的大事。

我想跟大家分享个例子，主人公是我今年教的一位年轻的女孩，我们姑且称呼她赛尔斯，她非常聪明。从十一年级我才开始教她，看了她这8个月以来写的所有文字，我都给予了不错的评价。偶然的机会我看到她十年级的作业本，很好奇那一年她是怎么做作业的。让我带你踏上赛尔斯的十年级作业之旅吧。

我们最先注意到的是作业本上画满涂鸦：有心型的图片，星型的图片，还有最开始尝试的潦草的签名。接着我们打开封面看到里面：第1页做得很好，但是没有批改；第2页空白；第3页做得很好，没有批改；第4页，空白；第5页，作业质量下降，没有批改；第6页，空白；第7页，做得还不错，没有批改；第8页，空白。整个学期的作业都没有迹象显示曾有老师打开它，不可否认，这很令人遗憾。

圣诞假期回来后，赛尔斯的态度变了。假期后写的第一篇作业是她的自传，在第9页。她写道："我现在跟哥哥和爸爸住在一起。我妈妈去世了，但是正如人们对我说的，着眼未来，而非过去，所以这是我现在必须做的。"

对得起那份工资的教师会注意到什么呢？写得很好的长句，正确使用的标点，用得很妙的连接副词？也许他们会注意到，"目前很难受"这句话说明赛尔斯的妈妈是最近去世的，这篇作业是她在告诉老师她的生活里发生了灾难，而她还在挣扎。但老师看到什么了？什么也没有，因为她根本就没看赛尔斯的作业。

第10页：空白；11页：几乎空白；12页：空白；13页：更多的自传。我们读到，"我跟哥哥和爸爸生活。跟他们一起生活很好，但不幸的是，要是妈妈还活着会更好。这种想法触动我的内心深处，但她在圣诞节那天走了，从此不再跟我们一起。我总以为我会一天天好起来，但这件不幸的事却让我倒退，所以，最终我放弃了。"我们再看看日期：1月12日。跟圣诞节一对照，我们发现她的妈妈于三周前去世，我们开始恨这个没有批阅她作业的老师。

第15页：无批阅；第16页：空白；第17页：无批阅；第18页：空白；第19页：无批阅；第20页：空白；第21页：写得很有条理，我们终于在这页最下面发现了一个教师的评语。赛尔斯写的题目是《坏爸爸》，"圣诞节那天我醒来，接到医生的电话。爸爸的脸拉下来了，我问他发生了什么事，他的脸色变了。我试着问他发生什么了，他告诉我事情很严重，催我赶紧穿戴整齐。我们离开家去医院，发现妈妈已经奄奄一息。我无法相信这一切，我的生活完了，我感觉自己跟着妈妈去了。我想哭，说不出话来。"

我们在这篇泣血文章下面看到什么呢？同情的字眼，温和的鼓励，相当于搂住臂膀安慰她的高分数，感同身受的泪水，以及大人给予的温暖人心的"一切都会变好的"之类的安慰？不，这些我们都没有看到，赛尔斯什么安慰也没有得到。她打开心扉，袒露痛苦的内心换来的是什么呢？用红色打的一个钩，旁边还有一句话，"你需要正确使用大写字母。"

对这位年轻女孩造成的伤害，也许那位老师有合理的解释，但不管原因如何，这样做总是不好的。

你偶尔会听到老师们谈论"职业操守"之类有些模糊的概念。大部分老师的意思是，他们一般把和学生交心看做是不得已而为之的事。我认为，职业操守应该简单归纳为一条关键规则：重视批阅学生作业的老师就是有职业操守的老师。然而，保持职业操守是有代价的。现在我自己的生活就是在上课、演讲和写作三件事上忙得团团转，尽管还有一堆作业没改，我心里自私的那一面还是会把演讲排在优先的位置，因为如果你没有做好准备就在200个高智商的、有本科学历的专业人员面前演讲，那你就真是自找苦吃。但是，我发现在写一篇对正式演讲没有用处的演讲稿和批阅赛尔斯的作业之间选择，只有一个会胜出——改作业。

对一个教师来说，改作业应该优先于其他所有事情，这么做的原因是多方面的，但却很简单。首先，如果没有人批阅孩子们的作业，做作业还有什么意义呢？毫无意义，就像森林中的树倒下了却无人听到，当一个孩子写了一篇文章"给你看"，但是你却没有看，对于他们而言，就跟没写一样。不看学生的作业给他们传递的是负面信息：努力没有意义，他们的作业对你没有价值，还有，他们本来就不必费事写作业。这样之后，他们的作业本会空着，展示做得很差，纪律也不遵守了。没有批改的作业本一看就令人震惊，教学督察能从中发现关于你所有的信息。他们有个小窍门，不用几秒就可以看出这个老师对学生是好是差还是冷漠，窍门就是看作业本的第一页和最后一页，如果功课质量有提高，那这就是位称职的好老师，如果功课质量下降，老师就不称职，很简单。

认真批改作业是帮助学生成长的关键。如果你经常这样做，并且对学生多投入一点职业热情，改正每一个单词错误，设置渐进的学习目标，不管你有什么缺点和过失，你都会成为一个非常好的老师，事业也会蒸蒸日上，同时，你的学生会进步神速，取得的成绩会超出所有人的预期。

但是，批改作业是个技术活，要做得好，需要一些技巧。下面的章节会教你所需要的技巧，帮你成为批改作业的能手，从而成为一名好老师。

批阅作业技巧：用红笔，不要随便打钩

你所在的学校应该允许你用红笔批改作业，这也是最常见的方式，使用红笔唯一的问题是它容易丢。白天在学校时，你要随时

准备挤出5分钟的时间去批阅作业，但是如果其中的4分钟你都在找红笔，结果没找着，然后到文具柜，却发现红笔用完了，那这5分钟就毫无意义。你很有必要自己掏腰包买一盒红笔放在家里，一盒红笔够你用一年的，这能保证你上班时上衣口袋里总是有一两支笔。

如何使用红笔至关重要。有些老师认为改作业就是逐段打钩，然后在作业末尾写上"很好"。不要这样做，尽管认真批阅会用掉你半个星期天。从很多方面看，随便打钩比不改作业更糟糕，没有批阅的作业至少还会留给学生一丝渺茫的希望，希望有一天你会一口气看完所有的作业，你要明白他们写作业的唯一目的就是让你来阅读和评价。随便打钩的作业本使孩子们的希望从渺茫变成空白，随便打钩是在侮辱你学生的智商，也会很快被领导发现，他们可不能接受一名拥有大学文凭的专业教师做出这种事情。

重视作业的卷面整洁

我们对学生写的东西当然感兴趣，但在看作业内容之前，还要关注卷面整洁的问题，它比你想象中更需要严格要求。实际上，你对作业卷面要求的立场是决定性的：如果管得松，会助长学生在其他方面糊弄的习惯，因此，你如何挑战他们的伎俩，会对他们的行为产生巨大影响。

不可饶恕的卷面问题

1. 涂鸦——第一大罪就是在作业本封面的每一寸地方都涂满

了东西：一个男孩乐队的名字，学生的名字缩写，心型图，或者某帮派的名字。对这种行为要用极端手法进行处理，谁敢第一个在作业本上涂鸦，直接把他的作业本扔进垃圾桶。我不是开玩笑，这是很严肃的事。把本子扔进垃圾桶，还得扔得有气势，让班上其他学生知道：作业本是学校资源，如果他们敢在本该好好写作业的本子上乱画，照样会被扔进垃圾桶。这听起来有点苛刻，但如果你不这样做，那么每个孩子都会以为在封面上乱画没关系。想一想，这会给孩子家长、你的领导、教学督察带来什么印象？如果让我来评价一位教师，他学生的作业本封皮上都画满了蜘蛛粪便，我会认为他没有给孩子传递正确的信息：他们应该尊重自己，尊重学习，尊重学校资源。

2. 写一页，空一页——我不明白为什么几乎每一个我教过的学生都认为这样好看，其实一点也不好看，看起来还很偷懒。可能全国的学生都认为：坚持这么做能在老师那儿占点便宜，如果老师们不管，他们就不写第2、4、6、8等双数页；两面只写一面，本子使用的速度就翻倍，看起来他们学得也就更努力了。不管他们的想法有多荒谬，你既要警惕又要尽力抵制这种做法。在你余下的教学生涯里，你可能都要为这件事努力，也许一直到他们毕业。只要你有一刻的松懈，班上的每个孩子都会偷偷地空页，你赢不了他们。虽然你不能全面赢得这场战争，但是要说服自己：这场斗争很神圣，你必须为自己赢得每个小战役而感到满意。

赢得这场战争（这可能是场持久战）的方法是在上一次作业

的后面布置新作业，即不管作业写到哪行，都要求学生用尺画一条线（最好用铅笔），在线下面紧接着抄写这一次的作业题目和交作业的日期，然后接着往下写。你需要重复几次，让他们都知道这是必须要遵守的规定。关键是布置完题目和日期后要立即在教室巡视，看看学生从哪里开始写当天的作业，要是没有按照要求，你就要冷静、明确地提醒他们应该从哪儿开始写。如果你不这样做，他们中有一半人会空出整页纸，这样的话又要连累一整片森林的大树无辜被砍伐了。可悲的是，你必须每节课都这样做。学生似乎从来记不住这个教训，"我不能因为故意留空白页而被嘲笑"。

3. 大得荒谬的页边距——练习本一般在页面左边留有划定好的空白处，所以除非是一些特爱浪费的孩子，才会随便改变左边的边距。的确有少量这样的学生，因为页面上还有三边能让他们随意改动。以下位置的受欢迎程度由低到高：

（1）页面底部——对你我来说，每一页在哪儿结束看着很明显，即最后的横线。但是一些学生不知道这点，他们认为结束线是在页面中间往下一点。

（2）右边空白——再一次，我们看着很明显，而他们就很疯狂。你每年都会碰到学生坚持不写到横线右边，"但我就是这样写作业的"，他们会反抗。"不，不是这样，"你回答，"写到横线最右边为止。"

（3）页面上方——我们给他们布置了一页作业，理所当然认为应该从顶部开始写，而不是像画风景画一样偷懒，在中间画一片草地就行了。在学生眼里，要从第四行才开始写，这样他就可以少写点。他以为你不会注意，但是你恰恰就注意到了。把他叫过来，在上面空出的地方写上："你认为我是个十足的傻子吗？太夸张了！"

4. 用红色、绿色或者紫色的笔写作业——每个学校都要求学生只能用蓝色或者黑色笔。我不确定为什么这样要求，也许因为它们看起来很整齐，令人赏心悦目；更可能的是，这种规定符合外界的要求——如果用粉红色的笔给你的银行经理写信，你就可能申请不到贷款，而且，如果孩子们用红笔做作业，老师就会很难评阅。不管是什么原因，这都是一条规定，而学生总想去违反它。你要像"要求他们抄下题目后在教室巡查"那样做，不让他们用红笔写。只要学生去拿其他颜色的笔，你就要立即阻止他们这种破坏规矩的冲动。在课堂上这样做很简单，但在家庭作业上实施就有难度了。对于用紫色笔写的作业，正确回应方式是拒绝批改。在作业下面写道："我没有读这篇作业，因为不是按要求的颜色笔写的。如果你希望我批阅，你就必须用黑色或蓝色的笔写。"

5. 在小写的"i"上画圈或者亲吻符号——如果这些没有让你生气，就随它去。但我真的会气得发疯，所以我不允许学生这么做。因为这意味着，地球上的美好时光匆匆飞逝，我却在划掉这些圈圈和亲吻符号上花了太多时间，那些时光我本应该在赏闻花香的。你可能觉得这是在浪费时间，我也一样，但这并不表示我能阻止自己这么做。

6. 乱标下画线——规矩就是规矩。我坚持要求学生只在题目下用铅笔画一条直线。如果你不坚持，就会看到用红笔画的弯弯曲曲的插入星号的线，或者题目下面没有画线，甚至还有的画了两条线。

7. "和"字符号——"和"字符号就是"&"，作业中不应该用它。

8. 用阿拉伯数字来表示数量——如果总是写18，他们又怎么能学会拼写eighteen（十八）呢？定下规矩，要求学生在不涉及到计算的作业中必须遵守，但数学和科学课上就不用这么做了。

你可能会发现这些规矩有点多，我也同意，一方面希望开明地培养孩子们的创新能力，一方面又如此独裁，规矩一大堆，这之间的确有不和谐的小冲突。这种独裁式教学观点是由多年观察得来的，如果你不采取这种方式，学生们就会乱作一团，并让你这位老师看起来很无能。你心里必须清楚，对学生的行为在某些方面采取法西斯式独裁，是为了他将来好。一旦学生们领会到老师在小事情上都这么法西斯主义，就更不可能允许自己无所事事了，这种"纳粹式"的作业管理终会取得成效。孩子们会为自己干净整齐的作业本而感到骄傲，这也会影响到他们的作业质量。漂亮的作业本当然要有漂亮的作业内容，同样地，打开一本乱糟糟的作业，你也不会为里面的糟糕内容而感到吃惊。

评价内容很重要

要知道，孩子们非常喜欢老师批阅他们的作业本。如果一个班的老师一丝不苟地批改作业，孩子们进教室的第一件事就是热切地细看老师花费时间精力写下的评语。所有的努力都是值得的，尽管他们中有许多人会轻微地抵触，但大部分人还是希望在学校表现出色，他们想学到东西。而且，以我的经验来看，他们非常清楚，恰当的评价，还有合理的下一步学习目标，是他们进步的阶梯。

鉴于批改作业对学生的进步非常重要，你必须认真对待。如果你所教科目的作业负担很重，我很遗憾，除了多花时间没别的办法。我也希望你能轻松一些，但是这个职业需要你花时间，你花费的时间终究会在你学生身上体现出大的成效。当然，那个时候你可能已经不在人世，但是万物都有终结的时候。看到你在办公室每天兴奋地批改作业，新同事们就会知道你很认真。他们说："看到新来的女教师了吗？她总是在改作业！"语调有些吃惊，不是因为你身心健康，而是因为你把他们都比下去了，他们有些嫉妒。

这是个吃力不讨好的活，你每年有10个月都在批改作业，年复一年直到死的那天，因为退休仪式上你听到人们说他们从未真正地喜欢过你，十五秒半之后你受打击而死。所以，你需要找到自娱自乐的方法。其实，心理感受大于物质需求，你一直在做很有意义的事，没有什么比这种感觉更让人觉得享受，这也是你选择教师这个职业的原因。跟你想象中轻松快乐的生活大不同，教师的人生微不足道，承受的压力却可能是最大的，你必须每天把它当成最享受的事情来做。

有一种批改作业的方式，什么时候用都很好，因为你能把它写进备课计划，这样就很好地定义了"为学习而评估"，省得花费大量气力去解释教育部门对它的理解。首先，改作业的时候身边准备一个便签本或者一张纸，然后依照下面的步骤进行。

1. 纠正他们的每个错误。如果题目拼写错了，改过来；如果他们的名字写错了，改过来；如果位置不对，改过来。有种愚蠢的看法认为你不必纠正错误，因为留在作业本上的红墨水会让可怜的乔尼对学习失去兴趣，并且感觉自己很失败，你要摒弃这种想法。如果老师发现他有错误而不帮他改正，这才会让小乔尼害怕写字呢。是的，你觉得这么做在情感上有点困难，但比起他长大后发现自己没有能力养家糊口，那点困难不及后者的一半，而造成后者的原因就是"开明"的老师们害怕他难过而不纠正他的错误结果而让他成了文盲。

2. 当批阅作业时你会发现：有些不错，有些需要提高。很可能你碰到的明显的错误比值得表扬的地方多，这里介绍一个巧妙的办法。如果你在第一行就看到一些很明显的语法错误、常识性错误或者技术上需要改进的地方，你就留出3行写正面的评语，用来写你觉得好的方面（可能暂时还未发现），并写下"目标"这个词。然后将第一条标注为1，指出你在第一行里发现的需要改进的问题，把它转换为你希望他下次作业能达到的目标。除了一般的识字目标，这些目标必须是技术性的，与科目相关的。举个例子，我教的是英语课，我最想刻在印章上的目标是"永远记住，在'but'

之前要用逗号"，"连续的句子不要用同样的单词开头"，还有"尽量不要在同一个句子重复使用某个单词"。数学课的目标可以是"在计算之前确保把整数检查两遍"，科学课的目标则可以是"不要再为了给教学督察留下好印象而假装知道什么是正电子成像术。"

3. 在改作业的时候你应该能轻易总结出三四个目标，这样看完作业后你就会清楚地知道这篇作业有什么优点，并在"目标"上方你特意留出的那两三行记录下来。你要详细地写出他们在哪些方面取得了令你欣慰的进步，特别是要提到作业的细节来表明你仔细阅读了他们的作业，这些积极的评价会让学生在感情上更容易接受你提出的"缺点"（下次作业的目标）。以表扬开头，就避免了使他们立即进入防御状态，并让他们放下心理"盾牌"，这样他们就能更容易地接受你善意提出的改进建议。

4. 下一次批改作业时，你首先要查看上次你定下的目标，依据这个目标再批改作业。如果他们达到了你上次定下的目标，你要表扬；如果没有达到，要重提上一次的目标。你应该很容易理解，这种方式肯定会让学生取得进步。教育上的进步是个渐进的过程，每次都进步一点；通过经常设定小目标，下次参照它们来批改，我们就能抓住一切机会让学生取得小进步。一年下来，这些小进步就能积少成多，使他们的水平得到惊人的提高。

打分评级：努力程度评估系统和教育课程成绩

当有人来听课时，你会注意到，在某些时候督察员会和几个学生低声地交谈。他们一般会问学生以下3个问题：

1. 这节课学什么？

2. 这门课你学到什么程度了？

3. 学到下一阶段你需要做些什么呢？

为了确保学生正确回答第一题，你要着重强调这节课的学习目标并检查他们是否明白；批改作业时定期设置目标，可以保证他们正确回答第三题；而正确回答第二题，则需要你定期评级。许多学校有两套评级系统：努力程度评估系统和国民教育课程成绩。有特殊教育需求的特雷夫因为读写能力差，得到的课程成绩总是1C。不管可怜的他有多么努力，得的分数总是相同，而努力程度成绩是对他拼命努力学习的一种承认。给特雷夫的努力程度成绩打"A"，带给他一种成就感。然而事实上，努力程度成绩完全是在浪费时间。特雷夫很清楚自己在成绩体系中的位置，他十分清楚他的成绩是最低的，给他一个象征性的"A"表扬他的努力，是在敷衍他。他并不笨，只是阅读能力差而已。更何况，每个学生都知道自己是否认真做作业了，给出努力程度分数只是在告诉他们已经知道的事。

重要的是让班上的孩子知道他们处在什么水平，要怎么做才能达到更高一级。当然，评级系统背后还牵涉到政府工作议程。政府的教育政策是否得力归结于对学生成绩的统计数字，统计对象（学生）取得好成绩的人数越多，教育部门的名声就越好，某些处于边缘席位的国会议员就越能保住饭碗。这种想法有一定道理，为了朝最终目标前进，你需要知道目前所处的位置，以及为了缩短现况和目标之间距离要采取什么措施。因此，听课的督察员都非常热衷于打听学生是否清楚他们所处的学习阶段，你必须定期给作业打分评级，并跟学生讨论评级结果，督察员对搞不清楚学习阶段的孩子不会有好的印象。

促进学习的评估方法

在DCSF（Department for Children, Schools and Families, 儿童、学校和家庭部，英国教育部的基础部）找到另外一种更巧妙的教学方法之前，这种国家认可的评估方式还会流行好几年。"促进学习的评估"的前提是好的，跟前面我提到的方法也能很好地衔接上，就是在批改作业时在身边准备好纸以便记录下次的教学目标。但关键是要把评估当作学习过程中的一个组成部分，而不是学习结束后附加的部分。

"促进学习的评估"有3种：教师评估，自我评估，和同学互评。让我们看看后2个：

自我评估：培养学生评估作业的优缺点

有这样一种思路，如果孩子们能适当地自我评价，他们就不会交上一塌糊涂的作业，而是会呈交出完美的作业，老师也不需要了。这种想法很容易产生，但是它对谁都没有好处。培养学生评估自己作业的优缺点是很重要的，这能让他们熟练地获得成功继续生命旅程所需的技能，并提升他们的能力。我们在课堂上是这么做的：把评分标准发给学生，让学生根据标准批改自己的作业。"假设你是主考官，这篇作业让你来批改，你会给出什么分数，又为什么给出这个成绩？你会给出什么建议让学生去改进他们的作业？"

这种做法存在一个问题，我们在第一章里已经谈过，就是评分标准可能含糊不清。一个有用的办法是，让学生把评分标准用自己的语言翻译成简单的形式，这样他们批改作业时就能更好地对照评分标准了。这种方法有很大的好处：第一，培养学生发现问题的技能，找出成绩提高所需的技能；第二，透彻理解在各种考试中他们会被如何评估。

同学互评：借此展开有价值的对话

同学互评基本上与自评的工作一样，但不是批改你自己的作业，而是同学的。互评的缺点是，批改同学的作业不一定能直接提升你自己的水平。但是互评的优点超过了缺点，那就是你必须向同学反馈你的评价，这就打开了有价值的对话。此外，评价别人的作业比自己的更为客观，和自己评估相比而言，你就更倾向于对同伴说出真话。承认这一点后，最好的做法就是同一份作业先做自评，然后马上来个互评。

教师是这个世界上最好的职业

教学是一生的职业，但它同时也只是一份工作。你完全可以把这两个看似非常矛盾的观点糅合在一起，而不要让两者相互对立。你从事教师这个行业，是因为你追随一份激情——让学生抓住生活机遇的激情，你爱你专业的激情，甚至认为教学是非常有趣的激情。但有时候，只有这些骄人的理想还不能让你做好教学。你必须现实一点，包括你能够达到什么目标，你对自己的期望是否正确。

即使有着世界上最美好的愿望，但对于班上一些孩子，甚至是整个班级的孩子，你都不得不想方设法去理解他们，喜欢他们。当你第一次意识你很难喜欢某个孩子时，你会有些吃惊。原谅你自己，你也是个普通人。记住，如果你受挫于30个成人的教课，你会发现，这里面肯定有你不喜欢的人。

也有一些孩子你根本无法接触，现在我就遇到这样的情况。在我写这本书的时候，尽管收到了很多荒谬的赞扬，但从学校回家后，我非常挣扎，我感到茫然，因为事实是：尽管有这么多年的教学经验，但对于班上的3个孩子，我仍然不知道如何才能让这

3个孩子好好上我的课，但我原谅了我自己。

请注意，教学可能是最难的工作。不错，我们有很长的假期，但我们这个职业的工作负荷却让我们难以应对，工作要做得正确也非常不容易。如果你处于这样一种状态：人们对你的要求特别高，高到你失去了自我，那就停下手中的活，去电影院看场电影，去酒吧喝杯酒，拜访一下朋友。总之，做点事情，忘记你的工作。由于教师是一种职业，有些人认为做一份职业就无法享受生活，这些人都是极端主义者。一位称职的教师都有丰富的校园外的生活经历，这些经历能使他更好地融入到学生之中。

经历丰富的老教师会告诉你，你任教的第一年是你的职业生涯中最艰难的一年，之后就好多了。他们这么说并不是开玩笑，而是在真正地帮助你。在黑暗的隧道最后，有一道曙光，这道曙光就是教学的第二年。第二年会容易很多，但是你必须先度过第一年。给自己许诺，并守住这个诺言。作为教师，无论第一年你遇到何种困难，都要想想两年以后快乐的事，这样，你就不会在困难面前卷起铺盖走人。我向你保证，如果你将本书的观点和技巧应用到你的课堂中，那么在第二年结束时，当你走出学校走廊时，就会发现，很多学生见到你时都面带微笑，亲切地称呼你。正像传说那样，你突然真正觉得：教师是这个世界上最好的工作。

"常青藤"书系—中青文教师用书总目录

书名	书号	定价
特别推荐——从优秀到卓越系列		
从优秀教师到卓越教师：极具影响力的日常教学策略	9787515312378	33.80
从优秀教学到卓越教学：让学生专注学习的最实用教学指南	9787515324227	39.90
从优秀学校到卓越学校：他们的校长在哪些方面做得更好	9787515325637	59.90
卓越课堂管理（中国教育新闻网2015年度"影响教师的100本书"）	9787515331362	88.00
名师新经典/教育名著		
最难的问题不在考试中：先别教答案，带学生自己找到想问的事	9787515365930	48.00
在芬兰中小学课堂观摩研修的365日	9787515363608	49.00
马文·柯林斯的教育之道：通往卓越教育的路径（《中国教育报》2019年度"教师喜爱的100本书"，中国教育新闻网"影响教师的100本书"。朱永新作序，李希贵力荐）	9787515355122	49.80
如何当好一名学校中层：快速提升中层能力、成就优秀学校的31个高效策略	9787515346519	49.00
像冠军一样教学：引领学生走向卓越的62个教学诀窍	9787515343488	49.00
像冠军一样教学2：引领教师掌握62个教学诀窍的实操手册与教学资源	9787515352022	68.00
如何成为高效能教师	9787515301747	89.00
给教师的101条建议（第三版）（《中国教育报》"最佳图书"奖）	9787515342665	49.00
改善学生课堂表现的50个方法（入选《中国教育报》"影响教师的100本书"）	9787500693536	33.00
改善学生课堂表现的50个方法操作指南：小技巧获得大改变	9787515334783	39.00
美国中小学世界历史读本/世界地理读本/艺术史读本	9787515317397等	106.00
美国语文读本1-6	9787515314624等	252.70
和优秀教师一起读苏霍姆林斯基	9787500698401	27.00
快速破解60个日常教学难题	9787515339320	39.90
美国最好的中学是怎样的——让孩子成为学习高手的乐园	9787515344713	28.00
建立以学习共同体为导向的师生关系：让教育的复杂问题变得简单	9787515353449	33.80
教师成长/专业素养		
教学这件事：感动几代人的教师专业成长指南	9787515367910	49.00
如何更快地变得更好：新教师90天培训计划	9787515365824	59.90
让每个孩子都发光：赋能学生成长、促进教师发展的KIPP学校教育模式	9787515366852	59.00
60秒教师专业发展指南：给教师的239个持续成长建议	9787515366739	59.90
通过积极的师生关系提升学生成绩：给教师的行动清单	9787515356877	49.00
卓越教师工具包：帮你顺利度过从教的前5年	9787515361345	49.00
可见的学习与深度学习：最大化学生的技能、意志力和兴奋感	9787515361116	45.00
学生教给我的17件重要的事：带给你爱、勇气、坚持与创意的人生课堂	9787515361208	39.80
教师如何持续学习与精进	9787515361109	39.00
从实习教师到优秀教师	9787515358673	39.90
像领袖一样教学：改变学生命运，使学生变得更好（中国教育新闻网2015年度"影响教师的100本书"）	9787515355375	49.00
你的第一年：新教师如何生存和发展	9787515351599	33.80
教师精力管理：让教师高效教学，学生自主学习	9787515349169	28.00
如何使学生成为优秀的思考者和学习者：哈佛大学教育学院课堂思考解决方案	9787515348155	49.90
反思性教学：一个已被证明能让教师做到更好的培训项目（30周年纪念版）	9787515347837	59.90
凭什么让学生服你：极具影响力的日常教育策略（中国教育新闻网2017年度"影响教师的100本书"）	9787515347554	28.00
运用积极心理学提高学生成绩（中国教育新闻网2017年度"影响教师的100本书"）	9787515345680	59.90
可见的学习与思维教学：成长型思维教学的54个教学资源：教学资源版	9787515354743	36.00

	书名	书号	定价
★	可见的学习与思维教学：让教学对学生可见，让学习对教师可见（中国教育报2017年度"教师最喜爱的100本书"）	9787515345000	39.90
	教学是一段旅程：成长为卓越教师你一定要知道的事	9787515344478	39.00
	安奈特·布鲁肖写给教师的101首诗	9787515340982	35.00
	万人迷老师养成宝典学习指南	9787515340784	28.00
	中小学教师职业道德培训手册：师德的定义、养成与评估	9787515340777	32.00
	成为顶尖教师的10项修炼（中国教育新闻网2015年度"影响教师的100本书"）	9787515334066	49.90
★	T. E. T. 教师效能训练：一个已被证明能让所有年龄段学生做到最好的培训项目（30周年纪念版）（中国教育新闻网2015年度"影响教师的100本书"）	9787515332284	49.00
	教学需要打破常规：全世界最受欢迎的创意教学法（中国教育新闻网2015年度"影响教师的100本书"）	9787515331591	45.00
	给幼儿教师的100个创意：幼儿园班级设计与管理	9787515330310	39.90
	给小学教师的100个创意：发展思维能力	9787515327402	29.00
	给中学教师的100个创意：如何激发学生的天赋和特长 / 杰出的教学 / 快速改善学生课堂表现	9787515330723等	87.90
	以学生为中心的翻转教学11法	9787515328386	29.00
	如何使教师保持职业激情	9787515305868	29.00
★	如何培训高效能教师：来自全美权威教师培训项目的建议	9787515324685	39.90
	良好教学效果的12试金石：每天都需要专注的事情清单	9787515326283	29.00
★	让每个学生主动参与学习的37个技巧	9787515320526	45.00
	给教师的40堂培训课：教师学习与发展的最佳实操手册	9787515352787	39.90
	提高学生学习效率的9种教学方法	9787515310954	27.80
★	优秀教师的课堂艺术：唤醒快乐积极的教学技能手册	9787515342719	26.00
★	万人迷老师养成宝典（第2版）（入选《中国教育报》"2010年影响教师的100本书"）	9787515342702	39.00
	高效能教师的9个习惯	9787500699316	26.00
课堂教学/课堂管理			
	差异化教学与个性化教学：未来多元课堂的智慧教学解决方案	9787515367095	49.90
	如何设计线上教学细节：快速提升线上课程在线率和课堂学习参与度	9787515365886	49.00
	设计型学习法：教学与学习的重新构想	9787515366982	59.00
	让学习真正在课堂上发生：基于学习状态、高度参与、课堂生态的深度教学	9787515366975	49.00
	让教师变得更好的75个方法：用更少的压力获得更快的成功	9787515365831	49.00
	技术如何改变教学：使用课堂技术创造令人兴奋的学习体验，并让学生对学习记忆深刻	9787515366661	49.00
	课堂上的问题形成技术：老师怎样做，学生才会提出好的问题	9787515366401	45.00
	翻转课堂与项目式学习	9787515365817	45.00
★	优秀教师一定要知道的19件事：回答教师核心素养问题，解读为什么要向优秀者看齐	9787515366630	39.00
	从作业设计开始的30个创意教学法：运用互动反馈循环实现深度学习	9787515366364	59.00
	基于课堂中精准理解的教学设计	9787515365909	49.00
	如何创建培养自主学习者的课堂管理系统	9787515365879	49.00
	如何设计深度学习的课堂：引导学生学习的176个教学工具	9787515366715	49.90
	如何提高课堂创意与参与度：每个教师都可以使用的178个教学工具	9787515365763	49.90
	如何激活学生思维：激励学生学习与思考的187个教学工具	9787515365770	49.90
	男孩不难教：男孩学业、态度、行为问题的新解决方案	9787515364827	49.00
★	高度参与的线上线下融合式教学设计：极具影响力的备课、上课、练习、评价项目教学法	9787515364438	49.00
★	跨学科项目式教学：通过"+1"教学法进行计划、管理和评估	9787515361086	49.00
	课堂上最重要的56件事	9787515360775	35.00
★	全脑教学与游戏教学法	9787515360690	39.00
★	深度教学：运用苏格拉底式提问法有效开展备课设计和课堂教学	9787515360591	49.90

书名	书号	定价
★ 一看就会的课堂设计：三个步骤快速构建完整的课堂管理体系	9787515360584	39.90
如何有效激发学生学习兴趣	9787515360577	38.00
如何解决课堂上最关键的9个问题	9787515360195	49.00
多元智能教学法：挖掘每一个学生的最大潜能	9787515359885	39.90
★ 探究式教学：让学生学会思考的四个步骤	9787515359496	39.00
课堂提问的技术与艺术	9787515358925	49.00
如何在课堂上实现卓越的教与学	9787515358321	49.00
基于学习风格的差异化教学	9787515358437	39.90
★ 如何在课堂上提问：好问题胜过好答案	9787515358253	39.00
★ 高度参与的课堂：提高学生专注力的沉浸式教学	9787515357522	39.90
让学习变得有趣	9787515357782	39.00
★ 如何利用学校网络进行项目式学习和个性化学习	9787515357591	39.90
基于问题导向的互动式、启发式与探究式课堂教学法	9787515356792	49.00
如何在课堂中使用讨论：引导学生讨论式学习的60种课堂活动	9787515357027	38.00
如何在课堂中使用差异化教学	9787515357010	39.90
★ 如何在课堂中培养成长型思维	9787515356754	39.90
每一位教师都是领导者：重新定义教学领导力	9787515356518	39.90
教室里的1-2-3魔法教学：美国广泛使用的从学前到八年级的有效课堂纪律管理	9787515355986	39.90
如何在课堂中使用布卢姆教育目标分类法	9787515355658	39.00
如何在课堂上使用学习评估	9787515355597	39.00
7天建立行之有效的课堂管理系统：以学生为中心的分层式正面管教	9787515355269	29.90
积极课堂：如何更好地解决课堂纪律与学生的冲突	9787515354590	38.00
设计智慧课堂：培养学生一生受用的学习习惯与思维方式	9787515352770	39.00
追求学习结果的88个经典教学设计：轻松打造学生积极参与的互动课堂	9787515353524	39.00
从备课开始的100个课堂活动设计：创造积极课堂环境和学习乐趣的教师工具包	9787515353432	33.80
老师怎么教，学生才能记得住	9787515353067	48.00
多维互动式课堂管理：50个行之有效的方法助你事半功倍	9787515353395	39.80
智能课堂设计清单：帮助教师建立一套规范程序和做事方法	9787515352985	49.90
提升学生小组合作学习的56个策略：让学生变得专注、自信、会学习	9787515352954	29.90
快速处理学生行为问题的52个方法：让学生变得自律、专注、爱学习	9787515352428	39.00
王牌教学法：罗恩·克拉克学校的创意课堂	9787515352145	39.80
让学生快速融入课堂的88个趣味游戏：让上课变得新颖、紧凑、有成效	9787515351889	39.00
如何调动与激励学生：唤醒每个内在学习者（李希贵校长推荐全校教师研读）	9787515350448	39.80
合作学习技能35课：培养学生的协作能力和未来竞争力	9787515340524	59.00
基于课程标准的STEM教学设计：有趣有料有效的STEM跨学科培养教学方案	9787515349879	68.00
如何设计教学细节：好课堂是设计出来的	9787515349152	39.00
15秒课堂管理法：让上课变得有料、有趣、有秩序	9787515348490	49.00
混合式教学：技术工具辅助教学实操手册	9787515347073	39.80
从备课开始的50个创意教学法	9787515346618	39.00
中学生实现成绩突破的40个引导方法	9787515345192	33.00
给小学教师的100个简单的科学实验创意	9787515342481	39.00
老师如何提问，学生才会思考	9787515341217	49.00
教师如何提高学生小组合作学习效率	9787515340340	39.00
卓越教师的200条教学策略	9787515340401	49.90
中小学生执行力训练手册：教出高效、专注、有自信的学生	9787515335384	49.90
从课堂开始的创客教育：培养每一位学生的创造能力	9787515342047	33.00

书名	书号	定价
提高学生学习专注力的8个方法：打造深度学习课堂	9787515333557	35.00
改善学生学习态度的58个建议	9787515324067	36.00
★ 全脑教学（中国教育新闻网2015年度"影响教师的100本书"）	9787515323169	38.00
★ 全脑教学与成长型思维教学：提高学生学习力的92个课堂游戏	9787515349466	39.00
★ 哈佛大学教育学院思维训练课：让学生学会思考的20个方法	9787515325101	59.90
完美结束一堂课的35个好创意	9787515325163	28.00
如何更好地教学：优秀教师一定要知道的事	9787515324609	49.90
带着目的教与学	9787515323978	39.90
★ 美国中小学生社会技能课程与活动（学前阶段/1-3年级/4-6年级/7-12年级）	9787515322537等	215.70
彻底走出教学误区：开启轻松智能课堂管理的45个方法	9787515322285	28.00
破解问题学生的行为密码：如何教好焦虑、逆反、孤僻、暴躁、早熟的学生	9787515322292	36.00
13个教学难题解决手册	9787515320502	28.00
★ 让学生爱上学习的165个课堂游戏	9787515319032	39.00
美国学生游戏与素质训练手册：培养孩子合作、自尊、沟通、情商的103种教育游戏	9787515325156	49.00
老师怎么说，学生才会听	9787515312057	39.00
快乐教学：如何让学生积极与你互动（入选《中国教育报》"影响教师的100本书"）	9787500696087	29.00
★ 老师怎么教，学生才会提问	9787515317410	29.00
★ 快速改善课堂纪律的75个方法	9787515313665	28.00
★ 教学可以很简单：高效能教师轻松教学7法	9787515314457	39.00
★ 好老师可以避免的20个课堂错误（入选《中国教育报》"影响教师的100本图书"）	9787500688785	39.90
★ 好老师应对课堂挑战的25个方法（《给教师的101条建议》作者新书）	9787500699378	25.00
★ 好老师激励后进生的21个课堂技巧	9787515311838	39.80
★ 开始和结束一堂课的50个好创意	9787515312071	29.80
好老师因材施教的12个方法（美国著名教师伊莉莎白"好老师"三部曲）	9787500694847	22.00
★ 如何打造高效能课堂	9787500680666	29.00
合理有据的教师评价：课堂评估衡量学生进步	9787515330815	29.00
班主任工作/德育		
★ 北京四中8班的教育奇迹	9787515321608	36.00
★ 师德教育培训手册	9787515326627	29.80
中小学教师职业道德培训手册：师德的定义、养成与评估	9787515340777	32.00
★ 好老师征服后进生的14堂课（美国著名教师伊莉莎白"好老师"三部曲）	9787500693819	39.90
优秀班主任的50条建议：师德教育感动读本（《中国教育报》专题推荐）	9787515305752	23.00
学校管理/校长领导力		
卓越课堂的50个关键问题	9787515366678	39.00
如何培育卓越教师：给学校管理者的行动清单	9787515357034	39.00
★ 学校管理最重要的48件事	9787515361055	39.80
重新设计学习和教学空间：设计利于活动、游戏、学习、创造的学习环境	9787515360447	49.90
重新设计一所好学校：简单、合理、多样化地解构和重塑现有学习空间和学校环境	9787515356129	49.00
让樱花绽放英华	9787515355603	79.00
学校管理者平衡时间和精力的21个方法	9787515349886	29.90
校长引导中层和教师思考的50个问题	9787515349176	29.00
如何定义、评估和改变学校文化	9787515340371	29.80
优秀校长一定要做的18件事（入选《中国教育报》"2009年影响教师的100本书"）	9787515342733	39.90
学科教学/教科研		
中学古文观止50讲：文言文阅读能力提升之道	9787515366555	59.90
完美英语备课法：用更短时间和更少材料让学生高度参与的100个课堂游戏	9787515366524	49.00

书名	书号	定价
人大附中整本书阅读取胜之道：让阅读与作文双赢	9787515364636	59.90
北京四中语文课：千古文章	9787515360973	59.00
北京四中语文课：亲近经典	9787515360980	59.00
从备课开始的56个英语创意教学：快速从小白老师到名师高手	9787515359878	49.90
美国学生写作技能训练	9787515355979	39.90
《道德经》妙解、导读与分享（诵读版）	9787515351407	49.00
京沪穗江浙名校名师联手教你：如何写好中考作文	9787515356570	49.90
京沪穗江浙名校名师联手授课：如何写好高考作文	9787515356686	49.80
★ 人大附中中考作文取胜之道	9787515345567	39.80
★ 人大附中高考作文取胜之道	9787515320694	49.90
★ 人大附中学生这样学语文：走近经典名著	9787515328959	49.90
四界语文（入选《中国教育报》2017年度"教师喜爱的100本书"）	9787515348483	49.00
让小学一年级孩子爱上阅读的40个方法	9787515307589	39.90
让学生爱上数学的48个游戏	9787515326207	26.00
轻松100课教会孩子阅读英文	9787515338781	88.00
情商教育/心理咨询		
9节课，教你读懂孩子：妙解亲子教育、青春期教育、隔代教育难题	9787515351056	39.80
★ 学生版盖洛普优势识别器（独一无二的优势测量工具）	9787515350387	169.00
与孩子好好说话（获"美国国家育儿出版物（NAPPA）金奖"）	9787515350370	39.80
中小学心理教师的10项修炼	9787515309347	36.00
别和青春期的孩子较劲（增订版）（入选《中国教育报》"2009年影响教师的100本书"）	9787515343075	39.90
★ 100条让孩子胜出的社交规则	9787515327648	28.00
守护孩子安全一定要知道的17个方法	9787515326405	32.00
幼儿园/学前教育		
中挪学前教育合作式学习：经验·对话·反思	9787515364858	79.00
幼小衔接听读能力课	9787515364643	33.00
用蒙台梭利教育法开启0～6岁男孩潜能	9787515361222	45.00
德国幼儿的自我表达课：不是孩子爱闹情绪，是她/他想说却不会说！	9787515359458	59.00
德国幼儿教育成功的秘密：近距离体验德国学前教育理念与幼儿园日常活动安排	9787515359465	49.80
美国儿童自然拼读启蒙课：至关重要的早期阅读训练系统	9787515351933	49.80
幼儿园30个大主题活动精选：让工作更轻松的整合技巧	9787515339627	39.80
美国幼儿教育活动大百科：3-6岁儿童学习与发展指南用书 科学 / 艺术 / 健康与语言 / 社会	9787515324265等	600.00
蒙台梭利早期教育法：3-6岁儿童发展指南（理论版）	9787515322544	29.80
蒙台梭利儿童教育手册：3-6岁儿童发展指南（实践版）	9787515307664	33.00
自由地学习：华德福的幼儿园教育	9787515328300	49.90
赞美你：奥巴马给女儿的信	9787515303222	19.90
史上最接地气的幼儿书单	9787515329185	39.80
教育主张/教育视野		
重新定义学习：如何设计未来学校与引领未来学习	9787515367484	49.90
教育新思维：帮助孩子达成目标的实战教学法	9787515365848	49.00
学习是如何发生的：教育心理学中的开创性研究及其实践意义	9787515366531	59.90
父母不应该错过的犹太人育儿法	9787515365688	59.00
如何在线教学：教师在智能教育新形态下的生存与发展	9787515365855	49.00
正向养育：黑幼龙的慢养哲学	9787515365671	39.90

书名	书号	定价
颠覆教育的人：蒙台梭利传	9787515365572	59.90
如何科学地帮助孩子学习：每个父母都应知道的77项教育知识	9787515368092	59.00
学习的科学：每位教师都应知道的99项教育研究成果（升级版）	9787515368078	59.90
学习的科学：每位教师都应知道的77项教育研究成果	9787515364094	59.00
真实性学习：如何设计体验式、情境式、主动式的学习课堂	9787515363769	49.00
哈佛前1%的秘密（俞敏洪、成甲、姚梅林、张梅玲推荐）	9787515363349	59.90
基于七个习惯的自我领导力教育设计：让学校育人更有道，让学生自育更有根	9787515362809	69.00
终身学习：让学生在未来拥有不可替代的决胜力	9787515360560	49.90
颠覆性思维：为什么我们的阅读方式很重要	9787515360393	39.90
如何教学生阅读与思考：每位教师都需要的阅读训练手册	9787515359472	39.00
"互联网+"时代，如何做一名成长型教师	9787515340302	29.90
教出阅读力	9787515352800	39.90
为学生赋能：当学生自己掌控学习时，会发生什么	9787515352848	33.00
如何用设计思维创意教学：风靡全球的创造力培养方法	9787515352367	39.80
如何发现孩子：实践蒙台梭利解放天性的趣味游戏	9787515325750	32.00
如何学习：用更短的时间达到更佳效果和更好成绩	9787515349084	49.00
教师和家长共同培养卓越学生的10个策略	9787515331355	27.00
★ 如何阅读：一个已被证实的低投入高回报的学习方法	9787515346847	39.00
★ 芬兰教育全球第一的秘密（钻石版）（《中国教育报》等主流媒体专题推荐）	9787515359922	59.00
世界最好的教育给父母和教师的45堂必修课（《芬兰教育全球第一的秘密》2）	9787515342696	28.00
★ 杰出青少年的7个习惯（精英版）	9787515342672	39.00
杰出青少年的7个习惯（成长版）	9787515335155	29.00
★ 杰出青少年的6个决定（领袖版）（全国优秀出版物奖）	9787515342658	49.90
★ 7个习惯教出优秀学生（第2版）（全球畅销书《高效能人士的七个习惯》教师版）	9787515342573	39.90
学习的科学：如何学习得更好更快（入选中国教育网2016年度"影响教师的100本书"）	9787515341767	39.80
杰出青少年构建内心世界的5个坐标（中国青少年成长公开课）	9787515314952	59.00
★ 跳出教育的盒子（第2版）（美国中小学教学经典畅销书）	9787515344676	35.00
夏烈教授给高中生的19场讲座	9787515318813	29.90
★ 学习之道：美国公认经典学习书	9787515342641	39.00
★ 翻转学习：如何更好地实践翻转课堂与慕课教学（中国教育新闻网2015年度"影响教师的100本书"）	9787515334837	32.00
★ 翻转课堂与慕课教学：一场正在到来的教育变革	9787515328232	26.00
翻转课堂与混合式教学：互联网+时代，教育变革的最佳解决方案	9787515349022	29.80
翻转课堂与深度学习：人工智能时代，以学生为中心的智慧教学	9787515351582	29.80
★ 奇迹学校：震撼美国教育界的教学传奇（中国教育新闻网2015年度"影响教师的100本书"）	9787515327044	36.00
★ 学校是一段旅程：华德福教师1—8年级教学手记	9787515327945	49.00
★ 高效能人士的七个习惯（30周年纪念版）（全球畅销书）	9787515360430	79.00

您可以通过如下途径购买：
1. 书　　店：各地新华书店、教育书店。
2. 网上书店：当当网（www.dangdang.com）、天猫（zqwts.tmall.com）、京东网（www.jd.com）。
3. 团　　购：各地教育部门、学校、教师培训机构、图书馆团购，可享受特别优惠。
　　购书热线：010-65511272 / 65516873